U0555853

投资者与
东道国适格问题研究

ICSID 管辖权问题为视角

李文静◎著

TOUZIZHE YU
DONGDAOGUO SHIGE WENTI YANJIU
ICSIDGUANXIAQUAN WENTI WEI SHIJIAO

 中国政法大学出版社

2022·北京

声　明　　1. 版权所有，侵权必究。

2. 如有缺页、倒装问题，由出版社负责退换。

图书在版编目（ＣＩＰ）数据

投资者与东道国适格问题研究/李文静著. —北京:中国政法大学出版社,2022.11

ISBN 978-7-5764-0720-4

Ⅰ.①投… Ⅱ.①李… Ⅲ.①国际经济法－研究 Ⅳ.①D996

中国版本图书馆 CIP 数据核字(2022)第 214802 号

出 版 者	中国政法大学出版社
地　　址	北京市海淀区西土城路 25 号
邮寄地址	北京 100088 信箱 8034 分箱　邮编 100088
网　　址	http://www.cuplpress.com (网络实名: 中国政法大学出版社)
电　　话	010-58908586(编辑部) 58908334(邮购部)
编辑邮箱	zhengfadch@126.com
承　　印	北京中科印刷有限公司
开　　本	880mm×1230mm　1/32
印　　张	6.25
字　　数	200 千字
版　　次	2022 年 11 月第 1 版
印　　次	2022 年 11 月第 1 次印刷
定　　价	49.00 元

前 言
PREFACE

随着国际投资的日益增多，国际投资争端也呈逐年上升趋势。为了有效化解国际投资中出现的各种争端，国际社会一直在试图确立合理且有效的国际投资秩序。其中，如何界定国际投资中的适格当事人及规范 ICSID 管辖权问题，合理保护国际投资，加强对国际投资的保护，建立健全国际投资争端解决机制，促进国际资本自由流动，一直是世界各国共同面临的重要法律问题。

作为解决国际投资争端的一种主要方式，经过长达五十余年的发展，解决投资争端国际中心（ICSID）的受理模式和法律机制在国际上得到了广泛的认可。各国对 ICSID 的态度经历了发达国家从全面同意到加以特别限制、发展中国家从排斥到逐步接受的发展过程。ICSID 主要调整的是投资者与东道国之间的关系，其赋予了投资者直接向东道国求偿的权利。换言之，投资者对国际投资的直接参与，扩大了国际投资争端的实质内涵，使其不再局限于国与国之间争端问题。作为解决东道国与外国投资者之间的投资争端的有效机制，判定适格投资者是 ICSID 仲裁庭取得管辖权的基石。目前，尚无专门的国际条约对适格投资者进行准确界定，这使得 ICSID 仲裁庭对"投资者"的概念解释有很大的自由裁量空间，间接性地扩大了 ICSID 仲裁庭的管辖权范围。这种做法引发了投资者与东道国对 ICSID 仲裁庭公正性的强烈质疑与不满，也造成了投资双方的利益失衡。

在投资者与东道国的投资仲裁实践中，适格投资者与适格投资是 ICSID 取得管辖权的基础：适格投资与仲裁庭的属事管辖权相关，适格投资者与仲裁庭的属人管辖权相关。适格投资者主要被分为自然人投资者与法人投资者，是对投资者表现类型的具体规范（投资者满足地域、时间、性质等行为要求）。适格投资者的认定在 ICSID 仲裁中处于基础地位，作为 ICSID 仲裁庭获得属人管辖权的必要条件，投资者只有满足适格性才能启动 ICSID 程序。因此，可以说，争端方适格问题是有效解决国际争端的基础问题。

经济全球化与国际投资的繁荣发展，东道国在实践中面临来自不同"母国"的投资者。事实上，同一投资者也可在"投资框架内"挑选"母国"。故，面对纷繁复杂的投资者与瞬息万变的投资环境，尽管《解决国家与他国国民间投资争端公约》第 25 条对缔约方及缔约方国民作出了一定限制，但投资者与东道国之间的紧张关系仍然是影响国际投资争端解决的核心问题。《解决国家与他国国民间投资争端公约》第 25 条针对缔约方及缔约方国民作出了明确、具体的概念限制。其中，争端的一方当事人必须是东道国国家（或其组成部分或机构），另一方当事人必须是具有私人投资者身份的另一缔约方国民。这里所论述的另一缔约方国民即为争端当事国的另一缔约方的自然人或法人。此外，作为争端东道国的法人，但是被外国控制的，经争端双方当事人的同意可以排除东道国国民不适用 ICSID 仲裁庭管辖权的条款规定。在实践中，投资者与东道国的争议焦点主要在于国有企业的身份认定标准、外国政府控制下的交易及各缔约方组成机构部分的身份认定问题。此外，还存在关于第三国（非缔约国，但直接或间接地影响着国际投资的外国投资者与东道国之间的交易）的 ICSID 仲裁庭的适格问题。虽然 ICSID 目前还没有赋予此类当事国仲裁的权利，但这同样是一个值得深入思考的问题。基于此，对投资者和东道国认定问题的反思及寻求解决途径显得尤为重要。

民粹主义的兴起与逆全球化的发展都客观揭示了全球化的负外部效应。新冠疫情对全球经济的负面影响也在一定程度上导致了国际投资发展的停滞，海外投资风险的不确定性增加。在此基础上，以投资实践中 ICSID 适格投资者争端案例为实证研究的基础，可以通过推动 ICSID 管辖权的改革，进一步规范 ICSID 中心管辖权，维护东道国与投资者之间的利益平衡。在实践中，应明确投资者国籍认定的适用规则；完善规制国有企业的市场主体地位；对竞争性国有企业进行制度改革等措施，以有效地解决国际投资争端，促进国际投资良性发展。对于我国而言，在"一带一路"伟大倡议的背景下，我国应该以现有的 ICSID 机制为蓝本，结合我国投资争端的实际情况，在多边和双边投资协议中明确适格投资者，修改完善对外投资立法，为 ICSID 投资争端机制管辖权问题的完善和发展提供中国方案。

目 录
CONTENTS

引　言

一、选题的背景及意义

纵观国际争端解决的历史进程，自 19 世纪以来，国际社会分别于 1899 年和 1907 年召开了两次海牙和平会议分别通过了 1899 年《和平解决国际争端公约》、1907 年《和平解决国际争端公约》、1907 年《限制使用武力索取契约债务公约》。随着现代国际法的发展，战争等武力行为逐渐被限制，人类法治文明的进步推动了国际争端解决方式的和平化和司法化。在和平解决国际争端的背景下，国际争端当事方日渐普遍地利用国际法院或国际仲裁庭等国际争端解决机制。在投资者与东道国投资争端解决方面，现代化的投资者诉东道国机制（ICSID 机制）赋予了私人投资者（包括个人投资者与法人投资者）直接"诉权"。私人投资者无需依赖母国提供外交保护，有权利用现有的国际条约框架或国际投资契约，将特定类型的争议提交各类国际裁判机构，其中，ICSID 是最为典型的国际投资争端解决机制。

适格投资者的认定问题关注的是哪些主体可以成为国际投资条约或投资者-东道国中的投资者，其核心在于投资主体身份认定。适格投资者问题是仲裁庭在确认其管辖权时必须考虑的因素，属人管辖和属事管辖缺一不可，因而从理论上来讲两者的地位同样重要。但鉴于目前的研究现状集中于适格投资方面，因此完善对适格投资者认定问题的研究，提升国际投资仲裁庭管辖权研究的体系性和完整性具有重要的理论意义。

经济全球化使得各国逐渐认识到国际投资对本国经济发展的重要性，开始转向重视国内投资环境的建设以更好地吸引外资。在实践中，越来越多地国家通过签订双边投资条约（以下简称 BIT）促进国际投资发展并允许私人投资者将其与投资争端提交国际投资争端解决机构。《解决国家与他国国民间投资争端公约》（以下简称《公约》）于 1965 年 3 月 18 日被证式公布。随后，《公约》创设了"解决投资争端国际中心"（以下简称 IC-SID）。自 1965 年至今，ICSID 经过五十多年的发展与实践，已逐渐成为有关国际投资仲裁争议解决的重要机构。其中，东道国及外国投资者适格是争端解决机制的前置性条件。争端能否被 ICSID 受理，首先就要确定其是否为 ICSID 管辖权下的"受保护的投资者"和"适格的东道国"。这也是探讨适格外国投资者及东道国时需要着重研究的问题。

目前，ICSID 在解决投资争端适格当事人的原则适用上存在巨大的弹性空间。在实践中对"投资者"和"东道国国家"的概念的界定引发了诸多实践争议，在不同的案件中，当事人适格的标准无法达成一致。虽然在裁决上 ICSID 存在较大的自由裁量权，但仍不乏规律可循。因此，对 ICSID 管辖权下当事人适格法律问题予以研究将对今后解决有关 ICSID 的相关争端起到一定的指导意义，对于完善 ICSID 争端解决当事人适格资格认定具有一定的借鉴作用。

《公约》第 25 条和有关国际投资的双边投资协定（以下简称 BIT）都事先规定了构成适格外国投资者和东道国国家的先决条件的基本概念范围。例如，如何根据《公约》及相关 BIT 文义解释来界定自然人投资者的国籍或法人投资者的国籍。基于对以往 ICSID 案例的比较分析，冲突争议的焦点主要集中在法人投资者的认定标准上。ICSID 作为最主要的解决主权国家与私人投资者之间争议的机构，不论其裁决的过程还是裁决的结果，在国际投资司法实践中都极具权威性和公正性。并且，其裁决的结果往往会逐渐演变为为各国投资者所认可的仲裁司法实践。

鉴于 ICSID 的重要地位及其仲裁裁决的影响力，对争端当事人适格问题的研究可以直接决定 ICSID 管辖权的具体适用问题。ICSID 仲裁庭只有在具体解决国际投资争端的实践中，不断把《公约》及 ICSID 设立的目的、宗旨与在争端当事人之间的具体适用相结合，以明确界定争端双方当事人的概念，起到定分止争的国际法效果，才能充分发挥 ICSID 对于国际投资争端解决的司法化效果，从而最大限度地实现外国投资者与东道国之间的利益平衡，促进国际资本的流动。

二、中外文献综述

（一）国内 ICSID 管辖权下外国投资者及东道国适格问题的研究现状

在我国，专家学者致力于研究国际投资争端解决机制问题始于改革开放以后。随着外商直接投资的迅速增加，国际投资争端解决机制越来越引起人们的广泛关注。笔者经查阅各类文献发现，我国鲜有专门论述 ICSID 管辖权下东道国及外国投资者的文章。大多数国内学者的相关论述都把适格问题作为一个方面在 ICSID 管辖权这一大的门类中加以论述。其中，较为典型的专著有余劲松、郭寿康及赵秀文等主编的著作，主要如下：

余劲松教授在其专著《国际投资法》（第 4 版）中提出，《公约》是国际投资法的主要法律渊源。余劲松教授认为，国际投资有很多的形式，其中私人直接投资是最典型的形式。国际私人投资在国际法上所产生的问题，促使国际投资法发展成了一个独立的体系。

郭寿康、赵秀文主编的《国际经济法》指出，国际投资者的母国（缔约国或非缔约国）一般会与东道国签订 BIT 及相关区域性或普遍性的国际条约，以保护自己国民的跨国海外投资安全。同时在上述条约签订时就对双方适格投资者作出具体的限定。

国内也有诸多论述 ICSID 适格主体及管辖权的论文，较为经典的为林一、沈虹及黄月明等人，具体如下：学者林一的论文《ICSID：国际工程争议解决的新途径》主要通过国际工程争议来探究 ICSID 的管辖权问题。该文从具体国际工程争议的当事人的角度出发进行论述，ICSID 主要是解决国家与国民之间的投资争议，对于国际工程争议来说，尚有很大的局限性。

学者沈虹在其论文《论 ICSID 对涉中国投资条约仲裁的管辖权——兼论 ICSID 涉中国第一案》中结合中国的投资争端，具体界定了 ICSID 管辖权下的中国投资者。其特别强调中外 BIT 不适用于中国香港地区和澳门地区，也不适用于在中国香港地区和澳门地区设立的法人。此文章对于争议双方当事人适格，尤其是外国投资者的界定具有借鉴意义。但是，该文只局限于在中国实行"一国两制"具有特殊国情的地域范围内，无法形成针对 ICSID 管辖权下的外国投资的具备普遍指导意义的理论支持。

黄月明的《ICSID 仲裁庭扩大管辖权的途径及其应对——从"谢业深案"切入》一文主要研究了 ICSID 管辖权的复杂问题。主要揭示了 ICSID 自成立以来管辖权的发展历程，并得出结论：ICSID 在解释案件及适用《公约》时，通过自由裁量权不断地扩大 ICSID 管辖权的范围、不断就争议双方当事人适格问题作出扩大的解释。但是，在对法人投资者的解释方面，ICSID 仲裁庭尚未形成统一的标准，这使得当事人对 ICSID 管辖权的异议很少成功。这无疑在一定程度上加强了《公约》的强制管辖。

针对外国控制中的"控制"标准问题，ICSID 在其以往裁决的案例中不断阐明 ICSID 仲裁庭对于此项标准的态度。以 1981 年的"阿姆科公司诉印度尼西亚案"为例，ICSID 仲裁庭对法人投资者的控制采取的是"设立地标准"。而在"西非混凝土公司案"中，ICSID 仲裁庭则推翻了之前的法人投资者"设立地标准"，而是采取"法人实际控制者国籍标准"。这种对法人投资者标准的任意选择，影响了之后几年 ICSID 仲裁庭对相似案例的判断。然而，在 2000 年的"委内瑞拉案"中，ICSID 仲裁庭在以往的标准上又提出了认定法人投资者的新标准。

因此，ICSID 仲裁庭在"外国控制标准"问题上的自由裁量权过大，可能是基于对《公约》宗旨的维护及保护外国投资者以对抗主权国家，扩大管辖权以解决国际投资争端，尽最大可能促进资本的跨国流通。抛开 ICSID 仲裁庭裁决的结果到底如何，ICSID 管辖权呈现出逐步扩大的趋势。

学者梁咏在《中国投资者海外投资法律保障与风险防范》一书中的《国有企业之法律研究》一文中谈到了"ICSID 投资仲裁实践对国有企业的投资者主体的认定"问题，但只是提出存在这种问题风险，并未进一步深入。

另外，仅有两篇且都是从国有企业私人投资者身份的角度出发的期刊论文，即刘雪红的《论国有企业私人投资者身份认定及启示——以 ICSID 仲裁申请人资格为视角》和梁一新的《论国有企业在 ICSID 的仲裁申请资格》。

学者王鹏的评论文章《国有企业身份是否妨碍投资仲裁?》也是从申请人的视角出发进行探讨的。

（二）国外 ICSID 管辖权下外国投资者及东道国适格问题的
　　　研究现状

相关国外文献主要集中讨论了关于另一缔约国国民投资者
身份认定的问题。其中，学者安德烈·文策在《属人管辖权 IC-
SID》、瓦利德·本·哈米达在《两个 Nebulous ICSID 特征：投
资概念和废止控制范围特设委员会在 Patrick Mitchell 诉民主刚果
民主共和国案中的决定投资理念》中提出，投资者身份的认定
标准是：对自然人的国籍的标准判断主要看国际惯例的要求，
对法人的国籍的标准判断主要采用外来控制标准。

学者吉利提出，ICSID 仲裁庭应该接受国有企业投资者成为
申请人，并且继续运用在"COSB 案"中提出的客观标准断定国
有企业在投资者与国家仲裁中的地位。学者潘尔·布莱沙克指
出，国有占股比重虽然重要，但绝不是判定国有企业身份的决
定性因素，占比较少的国家股也有可能形成重要的国家控制。
2016 年 ICSID 发布的第 3 期 *ICSID Review* 对国有企业问题进行过
专题探讨。实践中，ICSID 仲裁庭对国有企业的身份认定主要是
考察国有企业的活动性质，而非出资来源和行为目的，虽然现
在国有企业的结构与私人企业并无太大差异，但是以商业活动
掩饰国家政策和目标实现的现象仍然存在。另外，由于国有企
业自身天然地具备政治和经济混合特性，单单考虑活动性质而
不考虑活动目的的判定标准似乎不足以界定现代国有企业的活
动性质。因此，有学者主张，应适用国内法院的"商业活动检
测法"来认定国有企业的身份。但是，考察分析 ICSID 的仲裁
实践可知，其并没有适用该"商业活动检测法"，而是主要适用
"Broches 标准"和"国家行为归因原则"。

此外，从国外的相关判例可以看出，东道国及外国投资者
适格认定依旧是解决 ICSID 管辖权的先决条件。外国投资者身

份确定歧义性的产生，不仅是因为《公约》缺少具体、明确的规定，也是因为 ICSID 仲裁庭在认定适格投资者时过多地行使自由裁量权。但是，国际法院在"Nottebohm 案"等一列案件中提供了有益的指导。在此基础上，国籍属性是依附的社会事实，通常认为确定国籍的是有关国家的国内法。

（三）评析

结合国内外学者对 ICSID 管辖权下的当事人适格问题的研究现状及现有的 ICSID 仲裁庭既有的案例裁决来看，主流观点是：ICSID 管辖权下的争端当事人适格标准的争议焦点在于外国投资者的认定标准。其中，法人投资者是目前 ICSID 仲裁庭认定标准争议性最大的一部分。ICSID 仲裁庭对于法人投资者适格的认定，并不具有普遍的指导意义，反而多是根据具体的案情来判断法人投资者在案件中是否为正当当事人。这导致 ICSID 仲裁庭会提出相互矛盾的认定标准。基于上述原因，研究 ICSID 管辖权下的当事人适格问题仍然具有现实意义与充分的必要性。

三、研究方法

本书将运用历史研究方法分析得出 ICSID 管辖权下外国投资者及东道国的缘起；采用分析比较方法，并以 ICSID 仲裁庭以往裁决的案例为主线展开论述，借助代表性学者的学术研究成果及有关国家与其他国家的投资条约、司法仲裁实践，为分析案例提供理论支撑，进而找寻应对 ICSID 管辖权下外国投资者及东道国适格问题的答案及价值。同时，采用分析方法分析认定外国投资者及东道国适格问题中的利益平衡；用案例和实证研究方法将全书贯穿起来。

四、研究思路

围绕东道国及外国投资者适格问题展开理论论述，结合代表性学者的观点及 ICSID 仲裁庭的代表性案例，为理论论述提供充分的实践基础，最后为解决东道国及外国投资者适格问题提出建议与对策。

五、创新点

（1）比较详细和系统地论述了 ICSID 管辖权、争端当事人适格的概念、案例、分类、成因及法理基础。相关仲裁庭援引《公约》条款及具体案例的裁决解释与应用的系统性影响。

（2）用实证研究方法增强了 ICSID 管辖权下争端当事人适格认定标准和认定方法的证明度，形成了形象、具体的氛围。

（3）提出了相关权益与主体身份在 ICSID 管辖权下存在之必要性，并且就 ICSID 管辖权下正当当事人的认定标准争议提出了相关的解决对策。

六、研究不足

（1）目前，国内外对于 ICSID 管辖权下适格当事人的论述一般表现为对基础前置性概念的论述，所以可供直接参考的文献较少。

（2）ICSID 仲裁庭在五十多年的仲裁实践中逐渐形成了被各国所确认的国际投资争端实践性规则。这也是目前 ICSID 仲裁庭裁决案件适用《公约》规定的"瓶颈"。现在的一些规则已不能适应当代国际社会经济投资快速发展的形势，但仍被奉为原则。因此，在涉及对其如何加以解释和适用时存在一定的局限性，尚待深入研究。

第一章
国际投资发展与 ICSID 管辖权的发展背景

　　《公约》是国际政治相互妥协的结果，第二次世界大战之后，大批新独立的发展中国家开始崛起，开始重视本国重要的经济利益，开始对掌控国民经济命脉的外资企业实施征收或国有化，这直接导致了发达国家与发展中国家之间的矛盾和纠纷。基于此，为了解决该类矛盾和纠纷，自1962年起，由世界银行主导，各国专家开始准备起草有关《公约》缔结的相关草案，经过长期的谈判，最终于1965年于华盛顿正式缔结，于1966年生效。总体来说，《公约》主要规范的是缔约国与其他缔约国国民之间的投资争端，但在实践中，有关投资者与东道国的实际权利义务却没有得到有效保障。现今经济全球化和新冠疫情的蔓延给国际投资环境带来了巨大的压力，国际投资活动也受到了不同程度的抑制，跨国投资的不确定性变大，国际投资风险增加。

第一节　国际投资条约的历时性发展脉络

　　联合国贸易和发展会议（UNCTAD）每年出版的《世界投资报告》对国际投资和国际投资政策进行了深入的分析与总结，

是目前国际投资法的权威性报告。根据最新的《世界投资报告》，[1] 新冠疫情严重影响了全球外国直接投资。特别是在2020年，全球外国直接投资流量下降了1/3，创下了2005年以来的历史新低。新披露的绿地投资项目和国际项目融资交易数据显示：发展中国家绿地项目价值和国际项目融资交易分别下降了44%和53%，发达国家则分别下降了16%和28%，发展中经济体的降幅远超发达经济体。

一、国际投资的历史发展

国际投资自20世纪初兴起，在其发展的历程中，经历了从资本输出型向对外流动型的转变。通过回顾国际投资的历史性发展，我们可以深刻认识国际投资的发展趋势，对进一步把握全球投资市场的新机遇，具有重要的战略意义。

（一）19世纪初至两次世界大战期间

19世纪前期，资本输入型国际投资率先在英国出现，具有典型的海外贸易特性。自第一次世界大战至1938年，英国是世界主要资本输出国。相关数据显示：1914年，英国输出资本总额为193亿美元，占世界各国资本输出总额的40.2%；1938年为230亿美元，占世界总额的43.5%。美国在此期间的资本输出占世界总额的21%，仅次于英国。[2]

相对于资本输出国，资本输入地包括英国的附属国和殖民地、拉丁美洲国家、非洲和亚洲的东南亚地区。主要表现在资本主义对外殖民扩张时期，以资本主义国家单向输出为主。进

---

〔1〕 See "World Investment Report 2021", available at https://unctad. org/webflyer/world-investment-report-2021, 2022-5-12.

〔2〕 参见刘志伟等编著：《国际投资学》，对外经济贸易大学出版社2017年版，第17页。

入 19 世纪末 20 世纪初，外国资本主义进入垄断阶段，对外投资主要是以解决国内过剩资本问题为目的的输出型国际投资。

两次世界大战给全球国际投资造成了巨大影响，也使得世界投资格局发生了重大变革。以美国为例，其历经两次世界大战，从国际净债务国变成了最大债权国。[1]但英国和法国由于战争的消耗和大量的借款，被迫消减对外投资。特别是在第一次世界大战之后，英国、法国债权国的地位被大大削弱。[2]在第一次世界大战后的第一个十年，美国成为最大的债权国。这一时期，美国的长期贷款主要分为两部分：一是针对欧洲国家；二是专为经济扩张而进行贷款。[3]

但是，从 1930 年开始，全球经济发展萎靡，国际贸易量锐减，受国际政治格局影响，贸易保护、外汇管制制度陷入混乱，导致国际投资陷入停滞状态，引发了世界性经济危机。在此背景下，1929 年至 1933 年世界经济大萧条发生，主要资本主义国家工业生产总量大幅度下降以至于世界贸易额也大幅度下降。雪上加霜的是，随着第二次世界大战的爆发，动荡不安的国际局势使得国际投资受到了更加严重的打击。总之，这一时期的国际投资处于持续低迷状态。

（二）第二次世界大战后至今

第二次世界大战之后，世界经济百废待兴，直至 20 世纪 80 年代，国际投资开始复苏。为了进一步促进国际投资，1960 年 10 月，各国经过协商签订了《解决国家与他国国民间投资争

---

〔1〕　1919 年，美国已从 1914 年债务约 37 亿美元的债务国变成债权国。

〔2〕　以德国为例，德国由于要支付战争费用，在协约国的投资被没收以及在世界范围内投资持续贬值，彻底沦了一个净债务国。

〔3〕　参见刘志伟等编著：《国际投资学》，对外经济贸易大学出版社 2017 年版，第 18 页。

端公约》，并进一步成立了 ICSID。基于此，国际投资得到了
迅速恢复和发展。20 世纪 80 年代，在科学技术飞速发展的前
提下，加之两极分化、"东西对抗"的冷战格局，[1]国际投资
由"资本输出型"向"双向流动型"转变，即开始从发达国家
向发展中国家流动转变为少数发达国家间的双向流动。国际投
资之间的双向流动，最典型的表现是优势垄断和投资互补。

值得注意的是，20 世纪 80 年代至 90 年代，国际社会国际
直接投资开始逐渐增多并占据主导地位。根据当时发布的《世
界投资报告》：自 1983 年以来，全球直接投资每年增长 29%，
比国际贸易增长率高 3 倍。私人直接投资更是直接超过了证
券投资和政府投资，但国际私人直接投资主要以发达国家之
间的私人投资为主。

进入 20 世纪 90 年代中后期，冷战结束，国际投资局势也发
生了新的变化。东道国经济增长、市场潜力等因素成为影响国
际投资的关键。1985 年 10 月 11 日，世界银行通过《多边投资
担保机构公约》，于 1988 年 4 月 12 日正式生效，并相应成立了
多边投资担保机构（以下简称 MIGA）。该机构的成立极大地促
进了国际投资，其中，发展中国家的投资得到了快速发展，全
球投资也得到了稳步的增长。

---

〔1〕 第二次世界大战后，美国成为最大的资本输出国。1970 年，其资本输出
总额达 1660 亿美元，占当时世界资本总输出的 55.33%。其中大部分均投入了发达
资本主义国家。1980 年，美国的海外投资达 2135 亿美元，投入发达国家 1571 亿美
元，占 73.6%，投入发展中国家的仅有 527 亿美元，占 24.7%。刘志伟等编著：《国
际投资学》，对外经济贸易大学出版社 2017 年版，第 18~19 页。

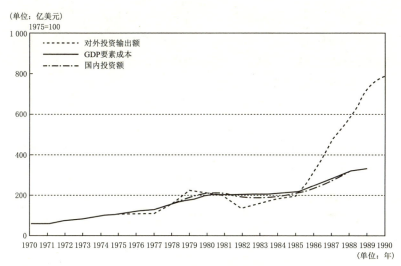

（单位：亿美元）
1975=100

图例：
- 对外投资输出额
- GDP要素成本
- 国内投资额

（单位：年）

图 1-1 全球 FDI 输出指数〔1〕

不难发现，在 20 世纪 90 年代，高经济增长区成为国际投资热点。中国、东亚地区、拉美地区、加勒比海地区经济呈现高增长，一跃成为国际投资热点地区。流向发展中经济体的国际直接投资（FDI）所占比重逐年上升，全球的 FDI 输入自 20 世纪 90 年代后期开始飞速增长，FDI 的主要输出国是发达国家经济体。但进入 21 世纪之后，该状况正在逐渐改变，国际投资的主导力量主要由高经济增长区和发展中国家潜在市场构成。

二、国际投资条约发展的新趋势

从国际资本流动的规模来看，现今世界范围内主要的资本输出国主要有美国、日本、瑞士、德国、加拿大、荷兰、英国、中国、韩国、新加坡等经济体。20 世纪 50 年代以来，在国际投

〔1〕 图片来源于联合国贸易和发展会议（UNCTAD）发布的《世界投资报告1992》。

资领域中，新兴国家对外投资趋势转变、国际争端成为热议问题。特别是国家间的利益冲突、国内政策的不确性使得国际投资面临诸多风险。换言之，国际投资局势的变化导致国际投资规则的有效性和准确性备受挑战。

国际投资规则是国家之间通过国际谈判确立的调整缔约方相互间权利与义务的法律制度，主要目的在于保护和促进国际投资。随着全球化的发展，相较于传统贸易和金融领域，国际投资规则的发展一直处于动态变化之中。国际投资规则的发展大致可以被分为三个阶段。第一阶段始于第二次世界大战确立的"友好通商航海条约"，至 1959 年德国与巴基斯坦签订第一个"关于促进和保护投资的条约"的双边投资条约（BIT），第一次国际投资规则逐渐开始形成，即"欧式 BIT"范本。该范本主要侧重于对投资的保护，但并未强调投资自由化。这一时期国际投资的主要特点是："对外资实施准入后国民待遇；规制中突出发达国家对外投资的保护以防止投资国有化；把国家之间的投资争端机制纳入其中。"[1]

随着经济全球化的发展，部分发达国家表现出了强烈的需求。20 世纪 80 年代开始，美国提出以 BIT 作为保护海外投资的工具，之后诸多国家以此为例，纷纷设立相关投资条约，"美式 BIT"规则得以形成。这一时期，国际投资规则的主要特征是弱化东道国权利以保障投资环境的自由化。[2]

随着新兴发展中国家经济势力的发展，发达国家的经济地位开始下滑，发展中国家日益成为国际投资的主要输入国和输

---

〔1〕 宾建成等：《国际贸易投资新规则——趋势、影响与应对》，对外经济贸易大学出版社 2018 年版，第 151 页。

〔2〕 第二代国际投资规则除了美国 2012 年版 BIT，还包括 1992 年《北美自由贸易协定》的投资贸易规则协议，WTO 框架下的《与贸易有关的投资措施协议》《服务贸易总协定》以及《与贸易有关的知识产权协议》等。

出国。2008 年金融危机后，国际投资争端频发，贸易保护主义抬头，客观上为区域经济一体化提供了社会基础。美国更是于 2009 年提出了跨太平洋伙伴关系计划（以下简称 TPP），后又于 2017 年 1 月 23 日正式退出了该协议，旨在将贸易战略从多边转变为双边并通过一对一的谈判实现利益最大化。2013 年，美欧宣布启动"跨大西洋贸易与投资伙伴关系"（TTIP）。同年，中日韩自贸区第一轮谈判开启，直到 2015 年，正式签订并达成中韩自贸协定。2013 年，区域全面伙伴关系（RCEP）开始谈判，截至 2022 年 1 月 1 日，区域全面经济伙伴关系协定正式生效，东盟 10 国和中国、日本、韩国、澳大利亚、新西兰共 15 个亚太国家正式签署了区域全面经济伙伴关系协定。在此过程中，第三代国际投资的特征表现为：投资自由化程度加深；注重投资保护与东道国管制的平衡；强调竞争中立规则，发展中国家在国际投资新规则的谈判与制定中享有了更多的话语权。[1]

随着全球政治经济格局的变化，新兴崛起的国家或地区经济体的国际地位开始崛起。发展中国家对国际投资规则的立场也发生了新的变化。发展中国家不仅仅是以资本输入为主，也开始转向对外投资。根据世界银行数据库对外资净流入额的统计：发展中国家的资本流出状况有所下降，但资本流出仍明显大于资本流入，发展中国家在国际投资流量中所做的贡献越来越多。

综上所述，国际投资规则呈现出了一些新的发展趋势：第一，扩大了投资及投资者的保护范围。新的投资协定将投资及投资者均列入保护对象，不受生效时间的限制。进一步细化了对外国投资者的保护，如相对非歧视待遇、国民待遇与最惠国

---

〔1〕 参见宾建成等：《国际贸易投资新规则——趋势、影响与应对》，对外经济贸易大学出版社 2018 年版，第 152 页。

待遇的规定更为细致。另外，新的投资协定规范了外资征收补偿程序，制定了较高的征收补偿标准，除非基于公共利益，否则征收应予以禁止。[1]

第二，在对外投资的管理模式方面，对东道国的外资管理体制提出了新的要求，即推行"准入前国民待遇+负面清单"的管理模式。[2]最新的TPP又提出了负面清单管理动态化，旨在严格限制外资准入标准。与此同时，对国有企业的经营行为进行规范，提出"竞争中立"原则以确保国有企业和私营企业能够公平竞争。

第三，强化了东道国对公共利益保障的外资监管权。随着国际投资的发展及相关国际投资协定的规定，外资监管权主要被分为两类：一是外资禁止限制，通过东道国引入各种例外条款、过渡条款、不符合措施等加强对关键、敏感部门的政策保护。二是外资严格监管，新的投资规则对劳工权利、环境标准、知识产权的要求更加明确，监管体系也更加健全。

第四，明确投资者责任，促进投资和可持续发展与经济增长目标相一致。基于经济全球化的负面效应，绿色可持续发展理念日渐受到国际投资领域的重视。旨在重视投资者的自身治理和企业的社会责任，将投资活动视为推动社会发展的重要助力。联合国贸易和发展会议（UNCTAD）每年发布的《世界投资报告》全面介绍了综合性、可持续性发展投资政策框架（invesment policy framework for sustainable development，IPFSD）。该框架的

---

〔1〕 对外资征收要给予"充分、及时和有效"的高标准补偿，还进一步取消了对外资的各种履行要求，对外资资本和利润的汇出实行自由化。不强制外资转让技术，不实行出口业绩等。宾建成等：《国际贸易投资新规则——趋势、影响与应对》，对外经济贸易大学出版社2018年版，第168页。

〔2〕 参见银红武：《ICSID公约理论与实践问题研究》，中国政法大学出版社2016年版，第39~65页。

核心是"推动可持续发展的投资"，目标是促进投资，推动包容增长与可持续发展。

第五，投资者–国家争端解决机制在实践中不断完善。千变万化的投资实践说明了公平、公正地解决国际投资争端对更好地促进国际投资具有重要意义。投资者–国家争端解决机制在发展过程中主要呈现出了三个典型的变化：①关于用尽当地救济原则的变化。《公约》允许东道国在投资协定中将"用尽当地救济"作为投资者申请仲裁的前提。[1]②提升了投资争端仲裁的正当性。准许非争端当事方且与仲裁程序有实质性利益的第三方（法庭之友）参与争端解决。③提升仲裁结果的正确合理性。针对审查投资者–国家争端解决仲裁裁决的上诉机制的建构愈加受到重视。[2]

三、发展中国家对外投资的新发展

从国际投资发展的历史来看，发展中国家大约经历了三次国际投资热潮。第一次是 20 世纪 60 年代至 80 年代，对外投资主要集中于拉美发展中国家，如巴西、阿根廷、委内瑞拉、菲律宾等；第二次是 20 世纪 80 年代中期，对外投资的对象主要集中于亚洲新兴工业国家，如新加坡、韩国等；第三次是 20 世纪 90 年代，投资对象以中国、俄罗斯、巴西、印度等新兴经济体为主。在第三次发展的过程中，以"金砖四国"为代表的新兴经济体的对外投资迅猛发展，发展中国家的投资趋势开始呈现出新的特征，如开始转向发达国家投资，传统的国际投资法理

---

[1]　但《北美自由贸易协定》（NAFTA）、BIT 2012 以及 TPP 提出，投资者应先通过"磋商谈判"处理争端，也可寻求通过保全投资者的权利与利益为目的的临时"禁令救济"处理争端，并未直接提出"用尽当地救济"问题。

[2]　参见银红武：《ICSID 公约理论与实践问题研究》，中国政法大学出版社 2016 年版，第 108~143 页。

论也随着国际投资实践的新发展而不断完善。[1]

随着发展中国家对外投资的发展，以中国、印度、巴西、俄罗斯等为代表的新兴经济体的对外投资取得了巨大发展，成了国际直接投资的重要来源国，部分企业成为大型跨国公司，在经济全球化中发挥重要作用。如以二十国集团（G20）成员中的中国、巴西、俄罗斯、印度、南非、墨西哥、印度尼西亚、沙特阿拉伯、韩国、阿根廷和土耳其等11国为例，根据联合国贸易和发展会议（UNCTAD）《世界投资报告2016》提供的数据：2015年，这11国对外直接投资总额为2234.39亿美元，占全球对外直接投资总额的15.2%，相当于发达经济体对外直接投资总额的21.1%，占新兴与发展中经济体（含以上11大新兴经济体及单列出的转型经济体）对外直接投资总额的54.6%。而在1991年，这11大新兴经济体对外直接投资总额仅为37.5亿美元左右，占比依次为1.7%、1.7%和40.0%。从统计数据的对比中我们可以看出，经过近二十年的发展，新兴经济体不仅是国际直接投资的重要来源国，也是新兴与发展中经济体对外直接投资发展的主要力量。[2]

新兴经济体对外投资的飞速发展使得国际投资、国际商务等成了国际经济法研究的热点领域，这也从侧面推动了国际投资理论的新发展。最新研究结果显示：进入21世纪以来，新兴经济体对外投资的对象既包括发展中国家，也包括发达国家，投资类型呈现出多元化。这与20世纪70年代发展中国家的投资存在本质区别。传统国际投资理论的研究重点从通过海外扩张

---

[1] 刘辉群、卢进勇：《国际投资规则的演变与中国企业"走出去"战略》，厦门大学出版社2016年版，第1页、第9~12页。

[2] 赵蓓文等：《国际投资学国际理论前沿》，上海社会科学院出版社2017年版，第26页。

攫取资源的企业研究转向可持续发展、谋求更加公正开放的国际投资格局。随着经济全球化的发展，新兴经济体的发展开始转向外部合作。但与发达国家企业相比，新兴经济体企业在技术、营销和管理技能等方面仍处于劣势。特别是与发达国家相比，以发展中国家为代表的新兴经济体跨国公司的对外投资更容易受到国内经济环境和国际局势的影响。

第二节 ICSID 管辖权下外国投资者及东道国的背景分析

作为解决缔约国与其他缔约国国民投资争议的常设机构，ICSID 具有独立国际法人法律地位。其设立的主要目的在于增强发达国家投资者向发展中国家投资的信心。为了更高效、更方便地解决纠纷，其采取仲裁和调解的方式来解决东道国和外国投资者之间的投资争议。从争端双方当事人来看，《公约》规定一方当事人必须为《公约》成员国（缔约国、国家机构或代理机构），另一方必须为《公约》缔约国的投资者（主要包括自然人和经济实体）。

ICSID 自成立之后日益在国际投资争端解决中发挥重要作用。数据显示：2000 年至 2015 年期间，ICSID 秘书处登记的仲裁案件达 499 件（其中 205 件为未获裁决案件，294 件为已获裁决案件）。[1]ICSID 于 2021 财务年共登记了 70 个新案件，在 2020 财务年登记的 40 个案件的基础上增加了 75%。其中有 67 个案件适用的是《公约》仲裁规则，1 个案件适用的是《公约》调解规则。值得注意的是，ICSID 为 19 件非适用 ICSID 规则的案件提供

---

〔1〕 参见银红武：《ICSID 公约理论与实践问题研究》，中国政法大学出版社 2016 年版，第 49 页。

了管理服务，其中 14 例案件适用的是《联合国国际贸易法委员会仲裁规则》。[1]

一、ICSID 管辖权下外国投资者及东道国的发展趋势

中国国家主席习近平早在 2013 年便顺应世界时代的发展潮流及中国当前的新形势分别提出了建设"丝绸之路经济带"和"21 世纪海上丝绸之路"的合作倡议（以下简称"一带一路"倡议）。2017 年 10 月 18 日，习近平总书记在十九大报告中提出，坚持和平发展道路，推动构建人类命运共同体。随着中国的和平崛起，中国在世界舞台上的地位已悄然变化。作为新兴的跨国资本流通大国，国际投资法在中国同世界之间协同发展的战略中扮演着越来越重要的角色。

在资本输入方面，2016 年美国仍然是外国直接投资的最大接收国，吸引了 3910 亿美元资金流入（比前一年增长了 12%），其次是英国，获得了 2540 亿美元，从 2015 年的第 14 位飙升至第 2 位，主要得益于大型跨境并购交易。中国处于第 3 位，流入量为 1340 亿美元，同比小幅下滑 1%。[2]

在资本输出方面，2017 年中国的对外直接投资飙升 44%，达到 1830 亿美元，创历史新高，使中国首次成为全球第二大投资国。相比之下，亚洲的其他区域和主要对外投资经济体的流出量却大幅下降。整体而言，在中国企业跨境并购交易的驱动下，亚洲的外国直接投资流出量增加了 7%，达到 3630 亿美元。[3]

---

〔1〕 参见"临时仲裁：国际投资争端解决中心（ICSID）最近发布了其 2021 财年报告（2020 年 7 月 1 日至 2021 年 6 月 30 日）"，载 https://mp. weixin. qq. com/s/8N13 GaM-UwwhVmWDnDCqIw，最后访问时间：2022 年 5 月 20 日。

〔2〕 联合国贸易和发展会议（UNCTAD）：《世界投资报告 2017》，2017 年 6 月。

〔3〕 联合国贸易和发展会议（UNCTAD）：《世界投资报告 2017》，2017 年 6 月。

当前，了解并熟练地掌握《公约》及 ICSID 的运作模式迫在眉睫且具有重大的战略意义。本书重点关注 ICSID 争端解决机制中原告与被告之间的博弈。争端当事人的适格是 ICSID 行使管辖权的前提基础，也直接影响着争端的解决形式。

（一）ICSID 管辖权下投资者及东道国大数据下的战略背景

下面，笔者将通过对 30 年来国际投资仲裁背景下大数据的战略分析，以及国际仲裁的实践，采用实证分析的方法来总结归纳国际投资的一般规律和趋势。

图 1-2 为 1987 年至 2017 年国际投资仲裁案件概况和趋势（深色为 ICSID、浅色为非 ICSID）。

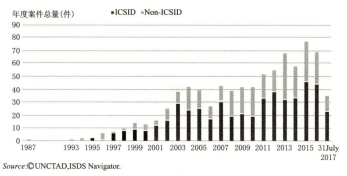

Source:©UNCTAD,ISDS Navigator.

图 1-2　1987 年至 2017 年国际投资仲裁案件概况和趋势

图 1-3 为 1987 年至 2017 年被诉大户排行榜：阿根廷 60 件、委内瑞拉 42 件；西班牙 36 件；捷克 35 件；埃及 29 件；加拿大 26 件；墨西哥 25 件；波兰 24 件；俄罗斯 24 件；厄瓜多尔 23 件；印度 22 件；乌克兰 22 件。

投资者与东道国适格问题研究

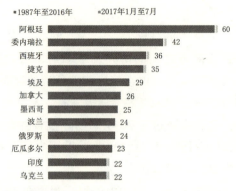

Source:ⓒUNCTAD,ISDS Navigator.

图1-3　1987年至2017年被诉大户排行榜

图1-4为1987年至2017年已结案件结果：东道国胜诉37%；投资者胜诉27%；和解23%；终止11%；违反协定但无需赔偿2%。

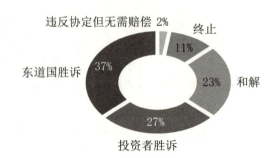

Source:ⓒUNCTAD,ISDS Navigator.
Decided in favour of neither party(liability found but no damages awarded).

图1-4　1987年至2017年已结案件结果

图1-5为1987年至2017年裁决和决定所附意见情况。

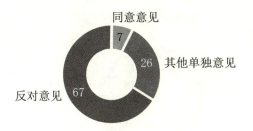

Source:©UNCTAD,ISDS Navigator.
Note:Excluding five cases on which such information was not available.

图 1-5　1987 年至 2017 年裁决和决定所附意见

图 1-6 为 1987 年至 2017 年已结案件实体审理结果（扣除无管辖权、和解、其他原因终止以及违反协定但无需赔偿的案件）：投资者胜诉 59%；东道国胜诉 41%。

Source:© UNCTAD,ISDS Navigator.
Note: Excluding cases(i)dismissed by tribunals for lack of jurisdiction.
(ii)selled,(iii)discontinued for reasons other than seltement(or for unlnown resons),and(iv)decided in favour of neither party diability but no damages awarded).

图 1-6

图 1-7 为 1987 年至 2017 年适用的仲裁规则：ICSID 规则 55 件；联合国国际贸易法委员会（UNCITRAL）仲裁规则 31 件；ICSID 便利规则 6 件；斯德哥尔摩商会仲裁院（SCC）规则 5 件；国际商会仲裁院（ICC）仲裁规则 2 件；其他 1 件。

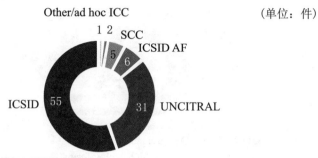

(单位：件)

Source:© UNCTAD,ISDS Navigator.

Note:Excluding five cases on which such information was not available.

图 1-7 1987 年至 2017 年适用仲裁规则情况

图 1-8 为 1987 年至 2017 年最流行的仲裁主张和成立最多的
主张：公平公正原则主张 401 次、成立 103 次；间接征收 359 次 、
成立 51 次；充分保护和安全 206 次、成立 20 次；武断、不合理
和歧视措施 168 次、成立 26 次；保护伞条款 114 次、成立 15 次；
国民待遇 111 次、成立 8 次；直接征收 89 次、成立 26 次。

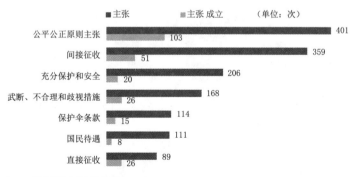

Source:© UNCTAD,ISDS Navigator.

Note:Based on the number of cases for which such information was available.

图 1-8 1987 年至 2017 年最流行的仲裁主张和成立最多的主张

图 1-9 为 1987 年至 2017 年国际投资仲裁员英雄榜（按被

委任次数排名）。

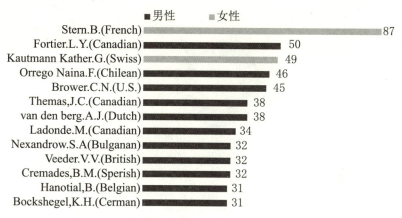

■男性　■女性

Stern.B.(French)	87
Fortier.L.Y.(Canadian)	50
Kautmann Kather.G.(Swiss)	49
Orrego Naina.F.(Chilean)	46
Brower.C.N.(U.S.)	45
Themas,J.C.(Canadian)	38
van den berg.A.J.(Dutch)	38
Ladonde.M.(Canadian)	34
Nexandrow.S.A(Bulganan)	32
Veeder.V.V.(British)	32
Cremades,B.M.(Sperish)	32
Hanotial,B.(Belgian)	31
Bockshegel,K.H.(Cerman)	31

Source:© UNCTAD,ISDS Navigator.
Note:Information on nationlity and gender compiled based on ICSD's database of artatrakors,conailiators and ad boc Committce menters.

图1-9　1987年至2017年国际投资仲裁员英雄榜

图1-10为1987年至2017年ICSID撤销裁决申请审理情况：维持70%；部分撤销21%；全部撤销9%。

全部撤销

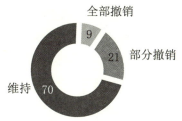

部分撤销

维持

Source:© UNCTAD,ISDS Navigator.
Note:Outcomes of ICSID annuiment proccedings related to treaty based ISDS cases,exduding discontinued anmulment appfcations

图1-10　1987年至2017年ICSID撤销裁决申请审理情况

图1-11为1987年至2017年国内法院撤销投资仲裁裁决情

况统计：维持 78%；部分撤销 5%；全部撤销 17%。

Source: © UNCTAD,ISDS Navigator.

图 1-11　1987 年至 2017 年国内法院撤销投资仲裁裁决情况

联合国贸易和发展会议（UNCTAD）关于投资者与国家争端解决的最新统计出炉，统计截至 2017 年 7 月 31 日。根据该最新统计，2017 年前 7 个月，投资者共提起 35 件以协定为基础的投资仲裁案件，此类案件总数攀升至 817 件。根据最新资料，2016 年提起的仲裁案件应调整为 69 件。2015 年是投资者提起投资者与国家争端解决的高峰年度，共计 77 件，创下纪录。2017 年新受理的投资仲裁案件中，被诉方达到 32 个。在 35 件新仲裁案中，来自发达国家的投资者约占 2/3。从仲裁结果来看，在已结 530 件中，约 1/3 裁决东道国胜诉，1/4 裁决投资者胜诉，余下为和解、终止或双方均无胜诉。就平均裁决金额而言，胜诉方可以得到 5.22 亿美元的裁判金，约占平均求偿金额的 40%。80% 的案件申请人提出违反公平公正原则（FET）的请求，75% 的案件申请人会主张间接征收。在裁决东道国败诉的案件中，仲裁庭通常会裁决违反公平公正原则和间接征收规定。在 1987 年至 2017 年被诉大户排行榜中，阿根廷 60 件、委内瑞拉 42 件、西班牙 36 件、捷克 35 件、埃及 29 件、加拿大 26 件、墨西哥 25 件、波兰 24 件、俄罗斯 24 件、厄瓜多尔 23 件、印度 22 件、乌克兰 22 件。

1987 年至 2017 年维权大户排行榜：美国 152 件、荷兰 96 件、英国 69 件、德国 57 件、加拿大 45 件、西班牙 43 件、法国 41 件、卢森堡 37 件、意大利 34 件、土耳其 29 件、瑞士 26 件、塞浦路斯 22 件。

因此，本书通过对 1987 年至 2017 年近 39 年的图表及数据的分析得出：在当事人构成因素方面，提交中心争端的原告主要以发达国家的投资者为主，被诉事由成立率较低，且作为争端被告的东道国的胜诉率远高于作为原告的投资者。其中，双方当事人和解或终止协议也占较大的比重。

截至 2021 年，根据联合国贸易和发展会议（UNCTAD）的统计，基于国际投资协定而产生的国际争端案件已经达到 1104 件，并逐年递增。[1]图 1-12 为 ICSID 投资仲裁近 10 年的变化。[2]基于此，研究 ICSID 争议双方当事人适格问题迫在眉睫，解决争端当事人适格问题首先面临的是 ICSID 管辖权的问题。

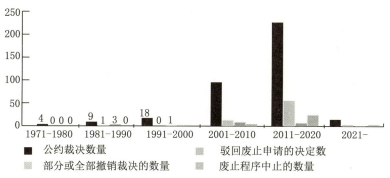

图 1-12　ICISD 公约下撤销程序中的裁决和结果

〔1〕　UNCTAD，"Known Treaty-Based ISDS Cases"，available at https://investmentpolicy. unctad. org/investment-dispute-settlement，2022-4-23.

〔2〕　See https://icsid. worldbank. org/sites/default/files/publications/ICSID_ AR21_ CRA_ bl1_ web. pdf.

（二）中国涉外投资争端案件与"一带一路"倡议机遇

经济全球化使得我国与有关外国投资者保护以及外国投资者-东道国间投资争议仲裁的 ICSID 机制密切相关。自 2007 年"谢业深诉秘鲁案"[1]至 2022 年，外国投资者针对我国政府提起的仲裁案件已达 7 件，而我国投资者针对外国投资者提起的仲裁有 12 件。[2]根据上述案例分析，我国投资者针对东道国提起的仲裁数量要略高于外国投资者诉我国政府的案件数量。但事实上，我国对待以 ICSID 为代表的国际仲裁一直采取的是审慎和保守的态度。在实践中，我国一般选择在双边投资条约下避免提起国际仲裁。[3]

在"一带一路"伟大倡议下，我国对外投资日益活跃。基于此，有学者指出："我国海外投资规模的飞速增加，投资风险加剧；日渐活跃的国际投资仲裁实践为中国海外投资带来了示范作用；纳入仲裁条款的投资协定数量逐年上升，提高了投资者诉诸国际仲裁的可能性。"[4]

新冠疫情的冲击使得多边主义受挫。贸易保护主义和单边主义抬头，经济全球化正在面临深刻变革。ICSID 是针对外国投资者和东道国争端解决的国际机构，受制于全球经济发展不均衡，ICSID 机制主要由发达国家所主导，侧重于对"投资者"的私权保护，在一定程度上漠视了东道国的利益，在实践中遭到

---

[1] 该案开创了中国海外投资者通过 ICSID 机制解决国际投资争端的先例。

[2] 参见连俊雅："国际投资争端解决机制改革中的调解及中国因应"，载《北方法学》2022 年第 3 期。

[3] 参见银红武：《ICSID 公约理论与实践问题研究》，中国政法大学出版社 2016 年版，第 58 页。

[4] 参见银红武：《ICSID 公约理论与实践问题研究》，中国政法大学出版社 2016 年版，第 58 页。

了诸多发展中国家的质疑。[1]在百年未有之大变局下，习近平总书记指出："要进一步深化改革扩大对外开放，这为我国在危机中育新机、于变局中开新局提供战略决策。"[2]近年来，我国积极参与国际投资争端解决中心的仲裁规则修订工作，正式加入《全面与进步跨太平洋伙伴关系协定》(CPTPP)，深度参与《区域全面经济伙伴关系协定》(RCEP)，全力推动《中欧全面投资协定》(CAI) 谈判，我国的对外开放水平不断提高，迎来了对外开放的新局面。

二、ICSID 管辖权发展的新动向

诚如上述所言，管辖权的确定是 ICSID 得以解决外国投资者与东道国争端的关键。ICSID 借鉴了国际商事仲裁机制的运行方式，"同意"是 ICSID 开启仲裁程序的前提。在实践中，ICSID 倾向于对附属协议行使管辖权。[3]如在"SOABI v. Senegal 案"[4]中，塞内加尔政府与 SOABI 公司签署了《设立工业水泥预制品厂的协议》，约定了双方"关于协议的实施或协议项下各自权利义务"的任何争议均提交 ICSID 仲裁的条款。因塞内加尔政府拒绝提供住房建设用地，二者就建设低收入住房的 Naikida 协议和 SOABI 协议发生了争议。后 SOABI 公司根据设立协议中的仲裁条款提出申请。塞内加尔政府则认为，二者的争议并非签署协议中所指的争议（即建造住房单位的争议），而是关于建造工

---

〔1〕 参见蔡从燕："国际投资仲裁的商事化与'去商事化'"，载《现代法学》2011 年第 1 期。

〔2〕 董志勇、李成明："国内国际双循环新发展格局：历史溯源、逻辑阐释与政策导向"，载《中共中央党校（国家行政学院）学报》2020 年第 5 期

〔3〕 参见赵秀文、乔娇："ICSID 仲裁庭管辖权新近发展动向及其改革初探"，载《江西社会科学》2011 年第 6 期。

〔4〕 Société Ouest Africaine des Bétons Industriels v. State of Senegal，Case NO. ARB/82/1，Award，1988-02-25，ICSID Report Vol. 2.

厂的争议，不属于 ICSID 的管辖范围。

但 ICSID 仲裁庭经审理裁决指出：“当事人同意的方法是推定，Naikida 协议和 SOABI 协议显然没有规定争端的解决方式，但二者的《设立工业水泥预制品厂的协议》规定了提交 ICSID 仲裁的方式，基于三份协议的关联性，仲裁庭推定当事人同意将前两份协议下的争端也提交 ICSID 仲裁。”不难发现，ICSID 在实践中通过推定或扩大“当事人同意”的范围来逐渐扩大其管辖权。

与此同时，在涉及 BIT 的外国投资者与东道国的争端中，ICSID 仲裁庭还通过将 BIT 中的最惠国待遇条款适用于争端来进一步扩张同意的事项，并以此获得管辖权。在实践中，大多数 BIT 都没有对最惠国待遇能否适用争端解决程序作出明确规定。从 ICSID 仲裁庭的实践来看，目前肯定的观点比较流行。[1]事实上，最惠国待遇直接适用于 ICSID 即 BIT 缔约国的同意，即一国对另一特定缔约国作出的同意。由此，ICSID 管辖的承诺演变为了一国对所有其他缔约国的承诺，普遍提高了缔约国被诉的风险，更是在客观上扩大了 ICSID 的管辖权。此外，BIT 常常采用“所有源于本协定或与本协定有关的争议均须通过如下途径解决……提交 ICSID 仲裁”之类的表述。而至于 BIT 中争议事项的具体范围，在实践中则需要结合 BIT 中“投资”的定义来综合考量。更多时候，ICSID 仲裁庭倾向于通过扩大 BIT 中“投资”的定义来扩张其管辖权。

在“阿姆科公司诉印度尼西亚案”[2]中，阿姆科公司根据与印度尼西亚的 P. T. Wisma 公司签订的《租赁与管理协议》，

---

[1] 赵秀文、乔娇：“ICSID 仲裁庭管辖权新近发展动向及其改革初探”，载《江西社会科学》2011 年第 6 期。

[2] Holiday Inns v. Moroco, ICSID case ARB/72/1.

拟从印度尼西亚政府（以下简称"印尼政府"）处获得投资许
可。在此过程中，需要设立一间公司来协调承办此项目，即
P. T. 阿姆科公司。二者在设立公司的申请中约定设立的公司与
政府之间发生的争端提交 ICSID 管辖。后阿姆科公司将其在
P. T. 阿姆科公司的部分股权转让给了 Pan American 公司。发生
争议后，P. T. 阿姆科公司、阿姆科公司和 Pan American 公司共
同向 ICSID 提起仲裁。印尼政府就 ICSID 仲裁庭对 Pan American
公司的管辖权提出异议。

　　ICSID 仲裁庭经审理指出："印尼政府批准阿姆科公司将在
P. T. 阿姆科公司的部分股权转让给 Pan American 公司，意味着
印尼政府同意受让人取得附随于股份的所有权利，包括提交仲
裁的权利，除非印尼政府在批准决定中明确地排除了提交仲裁
的权利。"很显然，在外国投资者将其在投资协议中的权益转让
给第三方时，或者未在投资协议上签字但与投资者有着股权控
制关系或其他关系的利益相关方援引投资协议中的 ICSID 条款
对东道国提起仲裁时，ICSID 仲裁庭倾向于延伸同意的主体，以
扩大其管辖权。但值得注意的是，仲裁庭认可股权转让能够带
来诉诸仲裁权利的转让，扩大了其管辖权。[1]

　　需要指出的是，在国际投资实践中，BIT 数量的增加是仲裁
庭扩张的主要原因之一。ICSID 管辖权的发展主要是从双边向多
边转化，通过增强司法性来推动国际投资实体规则的发展。与
此同时，根据习惯国际法，国家不负有解决争端的法律义务，
利用正式的法律程序解决争端取决于当事方的同意。[2]而 BIT

　　[1]　赵秀文、乔娇："ICSID 仲裁庭管辖权新近发展动向及其改革初探"，载
《江西社会科学》2011 年第 6 期。
　　[2]　Ian Brownlie, *Public International Law*, Sixth Edition, Oxford University Press,
2003, p. 671.

中的 ICSID 管辖条款，以条约的形式确立了东道国通过 ICSID 解决投资争端。在实践中，若东道国在 BIT 中事先同意将投资争议提交国际仲裁解决，便是赋予了投资者仲裁选择权。在争端发生之时，投资者可以直接以书面形式向 ICSID 提出申请以启动仲裁程序。此时，ICSID 就享有了对该争端的强制管辖权。这种强制性仲裁的机制已经为《北美自由贸易协定》（NAFTA）、《能源宪章条约》（ECT）所采纳。[1]从《公约》的字面规定来看，"当事人书面同意"仍是仲裁庭受理案件的基础。然而，在BIT 中东道国事先同意的特殊模式下，这种"同意"已经背离了《公约》的缔约目的。在实践中，日渐增多的 BIT 也在实质上打破了《公约》固有的管辖权框架，ICSID 管辖权进一步扩张。[2]

---

　　〔1〕 对《北美自由贸易协定》（NAFTA）各缔约国而言，在 NAFTA 生效之日就算表达了以其规定的仲裁程序解决与投资者潜在的投资争端的一般意愿。当 NAFTA 缔约国政府有违反 NAFTA 中的投资条款的情况时，NAFTA 允许投资者直接以书面同意提交仲裁的形式直接启动有约束力的国际仲裁程序。ECT 允许私人公司针对政府违反条约下的重要投资义务的情况提请国际仲裁，不需事先存在仲裁协议。
　　〔2〕 赵秀文、乔娇："ICSID 仲裁庭管辖权新近发展动向及其改革初探"，载《江西社会科学》2011 年第 6 期。

第二章

ICSID 管辖权下外国投资者及东道国适格概述

根据《公约》的规定，外国投资者与作为《公约》缔约国的东道国之间存在投资争端也非意味着 ICSID 必然享有管辖权。《公约》第 25 条第 1 款规定："中心管辖适用于缔约国（或缔约国向中心指定的该国的任何组成部分或机构）和另一缔约国国民之间因直接投资而产生并经双方书面同意提交给中心的任何法律争端。当双方表示同意后，任何一方不得单方面撤销其同意。"不难发现，根据《公约》的规定，ICSID 管辖权的基础：一是存在来自缔约国另一方的投资者（属人管辖权，ratio-ne perso-nae）的投资（属物管辖权，ratione materiae）；二是在争端双方中存在一个愿意将争端提交至 ICSID 机制予以仲裁的书面同意（自愿管辖权，ratione voluntatis）。

第一节 《公约》与 ICSID 管辖权规定

随着经济全球化的飞速发展，国际私人资本流通日趋频繁，相关争端频发，为了促进国际私人资本的流动，世界银行一直在寻找有关解决外国投资者和东道国之间投资争议的途径。1962 年，世界银行理事会通过决议，认为"有必要考虑创设某种特别机构来处理投资争议，以利于改善投资环境"。《公约》是作为资本输出国的发达国家与作为资本输入国的发展中国家间相互博弈的结果，于 1965 年正式得以通过。1966 年 10 月 14 日，荷兰作为第 20 个国家完成了其国内的条约批准手续，满足了《公约》对缔约国数目的最低要求，《公约》由此正式生效并成为国际投资领域里第一个被广泛接受并付诸实践的多边公约，也被国际法学界认为是国际法发展进程中的一个重要成就。

一、《公约》机制与管辖权

作为解决缔约国与另一缔约国国民的投资争议的常设机构，ICSID 具有独立的国际法人人格和地位。事实上，ICSID 与世界银行关系十分密切且总部设立于世界银行总部内部。如前所述，《公约》设立的目的之一是提振发达国家投资者向发展中国家投资的信心，并通过仲裁和调解方式来解决投资争议。它要求投资争议的一方须为《公约》的成员国（缔约国或国家机构或代理机构），另一方须为来自《公约》缔约国的投资者（包括自然人或经济实体）。

ICSID 解决的争议限定于由投资引发的法律争议，发生争议需采取其规定的仲裁规则。与此同时，审理案件的仲裁员、调解时的调解员须从 ICSID 仲裁员名册和调解员名册中选定。ICSID 裁决一旦成为终局性的，争议双方必须接受。此外，ICSID 的主要组织机构分为：①行政理事会，为最高权力机构，由各成员国派 1 名代表组成，每年举行 1 次会议，世界银行行长兼任理事会主席；②秘书处，由秘书长负责，处理日常事务。ICSID 在解决投资者-东道国投资争端方面发挥着日益重要的作用，其已当之无愧地成为解决国际投资争端最为主要的国际仲裁机构。除了对特定的投资争端案件的调解和仲裁工作，ICSID 还积极参与和促进全球范围内多边投资公约的谈判。

《公约》的宗旨在于：①通过提供妥善解决投资者与东道国间的投资争议的途径促进世界经济的发展。《公约》的序言也写明，"鉴于私人国际投资在进行国际合作发展世界经济方面的重要作用，同时也考虑到在此过程中存在着各缔约国和其他缔约国的国民之间对此项投资经常发生争端的可能性"，[1]虽然"此种争议通常将遵守各国的法律程序，但在某些情况下，采取国际解决方法可能是适当的"，有助于"促进相互信任的气氛，从而激励国际私人资本更多地向那些希望引进外资的国家流入"。[2]②为争议提供国际解决的便利，"创设一个旨在为解决国家和外国投资者之间的争议提供便利的机构"，为外国投资者与东道国政府之间的投资争端提供国际调解和仲裁程序，确保该类投资争议解决的非政治化。[3]为此，创设"解决投资争端国际中心"即 ICSID，专为解决国家与外国投资者之间的投资争议提供国际调解和仲裁的便利。

但《公约》本身并不直接承担调解和仲裁工作，而只是为解决上述类型的国际投资争端提供各种设施和方便；为针对各项具体争端而分别组成的调解委员会或国际仲裁庭提供必要的基本条件，便于他们开展调解或仲裁工作。[4]根据《公约》的规定，ICSID 是解决外国投资者与东道国政府间投资争议的常设国际机构。ICSID 自运行开始，便逐渐受到国际社会的广泛关注。近五十年来，随着国际社会各类成员之间复合相互依赖关

---

〔1〕　参见《公约》序言。

〔2〕　Report of the Executive Directors on the Convention on the Settlement of Invest-ment Dis-putes between States and Nationals of Other States.

〔3〕　Report of the Executive Directors on the Convention on the Settlement of Invest-ment Dis-putes between States and Nationals of Other States.

〔4〕　参见《公约》序言及《公约》第1条。

系加深，加入《公约》的国家逐渐增多，ICSID 当事国也逐渐壮大。《公约》于 1993 年 2 月 6 日正式对我国生效。

《公约》以英文、法文和西班牙文为官方文本，三种文本具有同等效力。《公约》在序言中释明，各缔约国表示"考虑到为经济发展进行国际合作的需要和私人国际投资在这方面的作用；注意到各缔约国和其他缔约国的国民之间可能不时发生与这种投资有关的争端；认识到虽然此种争端通常将遵守国内法律程序，但在某些情况下，采取国际解决方法可能是适当的；特别重视提供国际调解或仲裁的便利，各缔约国和其他缔约国国民如果有此要求可以将此种争端交付国际调解或仲裁；愿在国际复兴开发银行的主持下建立此种便利；认识到双方同意借助此种便利将此种争端交付调解或仲裁，构成了一种有约束力的协议，该协议特别要求对调解员的任何建议给予适当考虑，对任何仲裁裁决予以遵守；宣告不能仅仅由于缔约国批准、接受或核准本公约这一事实而不经其同意就认为该缔约国具有将任何特定的争端交付调解或仲裁的义务"，以《公约》为核心的 ICSID 机制被正式确立。[1]

就管辖权而言，《公约》第 25 条第 1 款规定，ICSID 的管辖适用于缔约国（或缔约国指派到中心的该国的任何组成部分或机构）和另一缔约国国民之间直接因投资而产生的任何法律争端，该项争端经双方书面同意提交给 ICSID。这一规定表明，ICSID 管辖权的行使必须同时具备三个条件：第一，有关争端是直接因投资而产生的法律争端；第二，争端当事人分别是《公约》缔约国和另一缔约国的国民；第三，争端当事人必须明确表示同意将其争端提交 ICSID。也就是说，一项投资争议只有同

---

〔1〕 参见《公约》序言；银红武：《ICSID 公约理论与实践问题研究》，中国政法大学出版社 2016 年版，第 40 页。

时满足争端性质适格、争端当事人适格、争端当事人同意此三项条件才能被提交 ICSID。

二、中国与《公约》及管辖权

1992 年，我国于第七届全国人民代表大会常务委员会第二十六次会议通过了关于批准《公约》的决定。后于 1993 年 1 月 7 日正式批准了《公约》，从而成为《公约》的当事国之一。我国加入《公约》具有重要的历史意义，这说明了我国开始倾向于在国际经济领域通过国际争端解决机制解决"国际纠纷"。事实上，我国长期以来一直对相关的国际争端解决机制采取谨慎态度。究其根源：一是长期以来发达国家在国际社会拥有更多的话语权；[1]二是中国政府一贯强调主权独立的政治立场。[2]基于此，加入《公约》标志着我国在参与多元化国际争端解决机制进程中迈出了具有"里程碑"意义的一步。从各国的实践来看，一国良好的投资环境，不仅需要本国国内法制调整，往往还需借助于国际法治与制度环境（包括双边的和多边的）。但有学者有不同看法，如周成新教授提出："鉴于加入公约本身并不构成当事国接受 ICSID 管辖的同意（任何缔约国接受 ICSID 管辖的同意必须事后在一个单独的书面文件中作出），因而加入《公约》对我国的国家主权所造成的实际影响较小。"[3]换言之，加入《公约》还可以在一定程度上改善我国的投资环境，有利于维系我国与资本输出国之间的关系，同时也有利于保护

---

〔1〕 参见张宏志："突破西方话语体系障碍 构建中国国际话语权"，载《行政管理改革》2017 年第 6 期。

〔2〕 Julian G. Ku, "China and the Future of International Adjudication", MD. J. IN-TLL, 2012（27）, p. 154.

〔3〕 周成新："对我国应否加入解决投资争端公约的几点意见"，载《法学评论》1987 年第 1 期。

我国的对外投资。[1]还有学者指出："中国加入《公约》将有助于外国投资者树立我国政府对其投资予以保护的信心，同时亦能为日益增长的中国海外直接投资提供更高标准的法律保障。"[2]

我国在加入《公约》时，对 ICSID 管辖权作出了一定的限制。如在 1993 年 1 月 7 日通知 ICSID："根据《公约》第 25 条第 4 款规定，中国政府仅考虑将由征收和国有化引发的有关赔偿的争议提交'中心'管辖。"[3]但需要特别指出的是，英文声明中"由征收和国有化引发的有关赔偿的争议"的表述在后续批准《公约》的中文批准书时改为了"有关征收和国有化赔偿数额的争议"。[4]二者之间表述的差异性使得中国 ICSID 管辖权判定引发了一些争论。由于《公约》对缔约国根据《公约》第 25 条第 4 款所作通知的效力并没有作出具体的规定，《公约》第 25 条第 4 款本身在国际法理论与实践中颇具争议性。[5]但根据

---

〔1〕 张庆麟："用尽当地救济与'中心'(ICSID) 管辖权"，载《法律科学（西北政法学院学报）》1991 年第 5 期。

〔2〕 张智勇："我国对海外直接投资的法律保护"，载《法学杂志》1997 年第 2 期。

〔3〕 https：/icsid. worldbank. org/apps/ICSIDWEB/about/Pages/MembershipStat－e Details. aspx？state＝ST30，2022－6－30.

〔4〕 《中国-巴林 BIT（1999）》第 9 条第 3 款。

〔5〕 一种认为说明构成了对《公约》的保留，另一种认为说明只是构成一种意向，不具有法律拘束力。See Monika. C. E. Heymann，"International Law and the Setltlement of Investment Disputes Relating to China"，*Journal of International Economic Law*，2008（3），pp. 507~526. 在国内也有学者认为，对 ICSID 管辖权的保留是不成立的，主要原因是：其一，保留是在相关条约的缔约国之间导致某一个条款不能适用，而声明并没有导致《公约》的任何条款不能适用，只是对管辖权的接受作出的限制。其二，条约的保留应向条约的保存机构作出。而 ICSID 的功能只是在于为缔约国和其他缔约国的国民提供投资争议解决的便利，并不是条约的保留机构和国家与国家之间就《公约》发生争议时的解决机构，我国根据《公约》第 25 条第 4 款所作出的说明是对 ICSID 管辖权的限定，并非向条约的保存机构作出。其三，我国根据《公约》第 25 条第 4 款所作出的声明只对我国有效，并不会在《公约》的其他缔约国之间产生对等的效力，也就是说，在其他缔约国没有对 ICSID 的管辖权作出"只

我国加入《公约》时所作出的通知，可以将其视为一项具有"宣告性质的声明"，表明我国对 ICSID 管辖权的立场。

以 ICSID 仲裁条款为例，我国第一个被明确纳入 ICSID 仲裁条款的双边投资条约是《中国-西班牙 BIT》。该条约第 9 条规定"缔约一方的投资者与缔约国另一方之间的同意要约通常会在其与他国所缔结的双边投资条约中作出"。联合国贸易和发展会议（UNCTAD）的最新统计数据：截至目前，我国已与他国政府缔结了 104 项双边投资条约。[1] 自 1982 年中国与瑞典签署中华人民共和国成立后第一个双边投资保护协定以来，回顾过去四十年的发展历程，我国的双边投资条约主要经历了三个发展阶段和两次转型。[2]

20 世纪 90 年代后期，受经济全球化和投资自由化浪潮的影响，我国双边投资条约经历了第一次转型，从"保守模式"趋向"自由模式"。近几年来，受上述内外因素的影响，我国双边投资条约正在经历第二次转型，由单一的"保守模式"或"自由模式"迈向更加合理的第三种模式，即"平衡模式"。[3] 以《中华人民共和国和西班牙王国关于相互鼓励和保护投资协议》为例，该投资条约第 9 条规定，缔约一方的投资者与缔约另一

（接上页）限于征收和国有化赔偿"的声明的情况下，如满足 ICSID 的其他管辖权条件，ICSID 仍然可以对中国国民针对该缔约国提起投资条约仲裁的案件行使管辖权。例如，秘鲁并没有对 ICSID 的管辖权作出声明，而中国作出声明了，则该声明只对以中国政府为申请人的投资争议有效，对以秘鲁政府为申请人的投资争议则无效。参见沈虹："论 ICSID 对涉中国投资条约仲裁的管辖权——兼论 ICSID 涉中国第一案"，载《华南理工大学学报（社会科学版）》2012 年第 1 期。

〔1〕 中华人民共和国商务部法条法司官网：http://tfs.mofcom.gov.cn/article/Nocategory/201111/20111107819474.shtml，最后访问时间：2022 年 6 月 30 日。

〔2〕 银红武：《ICSID 公约理论与实践问题研究》，中国政法大学出版社 2016 年版，第 50~52 页。

〔3〕 漆彤、聂晶晶："论中国双边投资协定的模式变迁"，载《武大国际法评论》2013 年第 1 期。

方之间有关第 4 条中的征收补偿款额的争议,可以提交 ICSID,如果缔约双方成为《公约》的成员国,中国后续的双边投资条约都将沿袭 ICSID 管辖权限定于"有关征收与国有化的征收补偿款额的争议"的保守模式。[1]但 1998 年《中华人民共和国政府和巴巴多斯政府关于鼓励和相互保护投资协定》第 9 条却约定将 ICSID 管辖的投资争端扩展至"缔约一方的投资者与缔约另一方之间的任何投资协议"。这标志着我国对 ICSID 的管辖转变为自由模式,这一转变极大地改善了我国的投资环境。

在实践中,传统 BIT 只考虑投资者保护而忽视东道国利益,现今已经不符合国际投资需要,中美投资保护协定谈判、中日韩多边投资协定的签署标志着我国开始寻求一种"更为平衡的模式来规范和调整投资者与东道国之间的关系"。[2]2012 年《中华人民共和国政府和加拿大政府关于促进和相互保护投资的协定》在这方面作了最为详细的规定。如对可仲裁事项的范围作出了具体规定,设置了提起仲裁的前提条件,设置了金融审慎措施、税收争端解决的例外条款等。我国作为发展中国家中最大的资本输入国,在百年未有之大变局与"走出去"全方位提高对外开放水平的背景下,通过设立相关条款为维护东道国利益预留一定的空间,可以更好地促进建立公正、合理的国际投资新秩序。

---

〔1〕《中华人民共和国和西班牙王国关于相互鼓励和保护投资协议》第 9 条规定:"一、缔约一方的投资者与缔约另一方之间有关第四条中的征收补偿款额的争议,在提出书面通知该项争议之后六个月内未能友好解决,应提交国际仲裁。二、如将争议提交国际仲裁,有关的投资者和缔约另一方可同意将争议提交:(一)争议双方指定的一个国际仲裁员;(二)依照争议双方间的一项专门协议指定的专设仲裁庭;(三)依照联合国国际贸易法委员会仲裁规则设立的专设仲裁庭;(四)根据'关于解决国家和他国国民之间投资争端公约'而设立的'解决投资争端国际中心',如果缔约双方成为该公约的成员国。……"

〔2〕漆彤、聂晶晶:"论中国双边投资协定的模式变迁",载《武大国际法评论》2013 年第 1 期。

三、ICSID 管辖权下第三国的适格问题

如前所述，《公约》中规定的适格投资者包括自然人和法人。然而，不管是在国际投资的具体实践中，还是在国际投资法基础理论中，都会出现由"第三国"直接或间接参与外国投资的问题。例如，"第三国"与外国投资者共同在东道国境内进行投资，或者"第三国"根据其与外国投资者签订的投资担保协议，赔偿投资者在东道国遭受的损失后，由该"第三国"行使代位求偿权的情形等。

虽然在《公约》起草阶段有缔约国曾提出建议，如果外国投资者为其在海外的投资向"第三国"国家投保，一旦投资发生法定或者根据合同约定的保险求偿事由，"第三国"根据保险合同为投资者支付了保险赔付，那么根据保险合同，其此时享有投资者的保险合同的代位求偿权。那么，"第三国"就享有参与 ICSID 仲裁的机会。但该建议因遭到广大发展中国家的反对而没有被写进《公约》。因此，即使"第三国"在国际投资中扮演着重要的角色，也无法依据《公约》的规定参与 ICSID 仲裁。《公约》之所以排除此类情形，是因为 ICSID 设立的目的是解决国家与国民之间的投资争端，在强大的东道国面前给予私人投资者相对公平的保护。其运作的基础及作出的裁决都是倾向于外国投资者的。如果给予外国投资者以"第三国"投保的正当理由，则可能会与 ICSID 宗旨相违背，且会降低 ICSID 仲裁裁决的效率和公正性。

此外，还有一种情形是，"第三国"与某个国际组织签订了 BIT。那么在此种情形下，"第三国"是否可以作为 ICSID 的适格投资者参与仲裁呢？目前，ICSID 尚未遇到此种形式的案例。在此种情形下，作为主权国家与国际组织之间的投资争端是否能为 ICSID 所管辖也是一个值得思考的事情。这显然涉及《公

约》对另一缔约国国民的理解问题，国际组织在文义解释的层面很难被与另一缔约国国民联系在一起。但是，受国际组织控制的法人实体，在东道国发生投资争端或受该"第三国"控制的法人实体与国际组织发生投资争端的解决，在现实的国际投资实践中仍然是个值得思考的问题。

第二节　外国投资者及东道国适格的管辖权基础

根据国家主权限制性豁免原则，若某国已经承诺将争端提交至某一争端解决机构管辖，该国将不能再就这一争端解决程序主张主权豁免。值得注意的是，《公约》所针对的投资争端存在两个基础性的管辖权核心要素，这也是国际投资仲裁区别于国际商事仲裁[1]的显著特性。就 ICSID 仲裁而言，《公约》管辖权的基础往往为双边投资条约所替代，选择 ICSID 为争端解决机构并对其管辖权予以界定。《公约》的宗旨在于：①通过提供妥善解决投资者与东道国间的投资争议的途径促进世界经济的发展，《公约》在序言中开宗明义"鉴于私人国际投资在进行国际合作发展世界经济方面的重要作用，同时也考虑到在此过程中存在着各缔约国和其他缔约国的国民之间对此项投资经常发生争端的可能性"。诚然，"此种争议通常将遵守各国的法律程序，但在某些情况下，采取国际解决方法可能是适当的，有助于促进相互信任的氛围，从而激励国际私人资本更多地向那些希望引进外资的国家流入"。[2]②提供争议国际解决的便利即

---

〔1〕 一般而言，涉外商事合同的典型仲裁条款经常写明"通过授权成为仲裁，并将争端付诸仲裁"，争端双方所达成的同意仲裁管辖的商事合同可为仲裁管辖依据。

〔2〕 Report of the Executive Directors on the Convention on the Settlement of Investment Dis-putes between States and Nationals of Other States，p. 290.

"创设一个旨在为解决国家和外国投资者之间的争议提供便利的机构，为外国投资者与东道国政府之间的投资争端，提供国际调解和仲裁程序，确保该类投资争议的非政治化"。[1]

一、对人的管辖权即争端当事人的适格

《公约》第25条针对缔约国及缔约国国民作出了概念限制。其中，争端的一方当事人必须是东道国国家（或其组成部分或机构），另一方当事人必须是具有私人投资者身份的另一缔约国国民。另一缔约国国民即为争端当事国的另一缔约国的自然人或法人。此外，作为争端东道国的法人，被外国控制的，经争端双方当事人的同意可以排除东道国国家国民不适用 ICSID 仲裁庭管辖权的条款规定。在 ICSID 对人的管辖权中，当事人是自然人的争议较少且适用《公约》的仲裁过程相对明确。在 ICSID 仲裁实践中，争议最多的是法人作为外国投资者的情况。造成此种现状的原因是《公约》本身对法人投资者的规定较少。这就导致了在争议双方提交 ICSID 仲裁时，法人的管辖权抗辩在实践中颇为复杂且极具争议。

（一）争端一方缔约国及其下属单位的认定

立足于条约法的视角，主权国家是天赋的国际法主体，拥有对外缔结国际条约的权利。根据《维也纳条约法公约》第2条的规定："缔约国者，谓不问条约已未生效，同意受条约约束之国家。"基于此，根据《公约》第67条、第68条之规定，经法定程序加入《公约》的国家，为《公约》的缔约国，即适格当事人。

但在实践中，存在相关国家尚未成为《公约》缔约国之前作出同意将相关争议提交 ICSID 解决的情形。例如，一些国家

---

[1] Report of the Executive Directors on the Convention on the Settlement of Investment Dis-putes between States and Nationals of Other States.

为了改善投资环境、吸引外国投资，在该国有关立法或双边投资协定，或者与外国投资者签订的协议中，承诺一旦该国成为《公约》的缔约国，便将投资争议提交 ICSID 解决。如《中华人民共和国和西班牙王国关于相互鼓励和保护投资协定》第 9 条规定："根据'关于解决国家和他国国民之间投资争端公约'而设立的'解决投资争端国际中心'，如果缔约双方成为该公约的成员国……如将争议提交国际仲裁，有关的投资者和缔约另一方可同意将争议提交……"

但值得注意的是，在此种情形下，投资争端的东道国成为《公约》缔约国后可否直接向 ICSID 提起仲裁或调解呢？在"美国假日酒店诉摩洛哥政府案"（Holiday Inns v. Morocco）中可以看出 ICSID 对该问题的态度。美国假日酒店和摩洛哥政府于 1966 年签订了投资协议，规定由美国假日酒店建造并经营相关饭店，摩洛哥政府则负责提供建造酒店所必需的资金，并给予相关的税收优惠和外汇兑换的特许权。为了履行该协议，美国假日酒店在瑞士设立了一家子公司，与摩洛哥政府签订了投资协议，并在投资协议中写明了 ICSID 仲裁条款。后双方发生投资争端，美国假日酒店在瑞士设立的子公司直接向 ICSID 提交了仲裁申请，但摩洛哥政府则提出一国是否为《公约》缔约国的确定日期应该是双方签订投资协议之日，而摩洛哥政府与美国假日酒店在瑞士设立的子公司签订投资协议时，摩洛哥与瑞士都不是《公约》的缔约国，两国均是后来批准加入《公约》的，因此 ICSID 对本案没有管辖权。[1]

但美国假日酒店提出，一国是否为《公约》缔约国的确定日期应当是争端当事人提出仲裁地申请之日。最终，ICSID 仲裁

---

[1] 张庆麟：《国际投资法问题专论》，武汉大学出版社 2007 年版，第 309～311 页。

庭驳回了摩洛哥政府的主张，支持了美国假日酒店的主张，并认为《公约》允许争端当事人在订立 ICSID 条款时约定将来提交 ICSID 裁决，如果所需条件成就，ICSID 享有管辖权的条款便有效。诚然，有关国家加入《公约》当然可以构成这些条件之一。因此，提交 ICSID 管辖所需要的条件成就之日即《公约》所要求的同意具备之日。[1]还有诸多实践中的案例都印证了 ICSID 仲裁庭的这一观点。[2]

就争端一方缔约国而言，《公约》的规定还包含所谓的"任何下属单位或机构"，只不过该下属单位或机构需要缔约国向 ICSID 指派且其所作的同意需要指派其的缔约国批准，除非指派其的缔约国通知 ICSID 不需要此种批准。[3]《公约》的此类规定主要是考虑到在实践中诸多国家的一些投资事项并非全部由中央政府直接与外国投资者接洽，在实践中更多的是由东道国下属单位与投资者签订（如国家旅游局、地方政府或具有一部分公共职能的"国有企业"）。如在"克勒罗纳诉喀麦隆案"（Klockner v. Cameroon）中，喀麦隆政府就指派合资企业索卡莫（Socame）公司为《公约》意义上的下属机构。对东道国的"指派、批准和通知"的认定，其中，"指派"要求缔约国明确地表达其同意某机构或实体是自己的下属单位或机构的意向；"通知"则要求缔约国向 ICSID 发出一项专门的通知，向 ICSID 指明某一特定实体作为《公约》意义上的下属单位或机构。在形式上，该下属机构或单位可以由缔约国采取任何自认为可行的方式指派，只要明确地表达了缔约国的真实意图即可。但要保证

---

〔1〕 Pierre Lalive, "The First ' World Bank ' Arbitration（Holiday Inns v. Morocco）: Soe Legal Problems", *ICSID Reports*, Vol. 1, 1993, p. 645.

〔2〕 就这一问题，在"东方木材公司诉利比里亚案"（Liberian Eaetern Timber Corporation v. Repulic of Liberia）中，ICSID 仲裁庭也作出了相同的裁决。

〔3〕《公约》第 25 条第 1 款、第 3 款的相关规定。

ICSID 在收到仲裁或调解请求之前或收到仲裁、调解请求的当日收到此项指派通知。

在理论上,对于"指派"等行为的认定,仍存在广泛的争议。乔治·R. 德劳姆认为,根据《公约》第 25 条的规定,每一缔约国均可把特定的自认为合格的公共实体指派到 ICSID 作为 ICSID 程序当事人,这种指派可构成这些实体是"下属机构"的证据和这些机构能够有效作出同意接受 ICSID 管辖的一个前提条件。[1]这一观点承认"下属机构"是缔约国"自认为合格"并指派到 ICSID 的。可见,据此观点,"下属机构"的认定应该根据国内法来进行,而不是按照《公约》规定的标准。笔者也认为应该根据国内法的规定来认定"下属机构",因为某一国内机构性质的认定是一国的国内事务,"下属机构"应该是由东道国指定的,而将什么样的机构指定为《公约》项下的"下属机构"完全是一国主权范围内的事务。根据国家主权原则,ICSID 仲裁庭若在没有缔约国指定并批准的情况下就任意地对"下属机构"作扩张解释,是对东道国国家主权的严重侵犯。

(二) 外国投资者适格的规定

按照《公约》第 25 条之规定:一方面,投资者必须具有《公约》规定的国籍要求的实质要件,即东道国国家及投资者母国均为《公约》缔约国,ICSID 仲裁庭才对此国际投资争端案件具有管辖权。另一方面,《公约》规定的投资者的形式要件主要包括,自然人投资者和法人投资者。可以将《公约》规定的外国投资者归为以下几类:①按照《公约》的规定,具有排除东道国国籍身份的另一缔约国自然人国民;②具有另一缔约国国

---

〔1〕 [英]乔治·R. 德劳姆:"仲裁实践方面的考虑",载《国际仲裁杂志》1984 年第 1 期,第 109 页,转引自周成新:《国际投资争议的解决方法》,中国政法大学出版社 1989 年版,第 176 页。

籍的法人实体；③虽然具有东道国国籍但是为另一缔约国国家所实际控制的法人实体且双方一致同意；④在提交仲裁时同时具有双重国籍身份的外国投资者。

对于争端一方的"另一缔约国国民"，《公约》明确规定为自然人和法人。对于自然人，《公约》明确指出其在两个时间段内必须具有《公约》某一缔约国的国籍，且该缔约国不能是其他投资的东道国。这两个关键时间点分别是：其与东道国同意将它们之间的投资争议提交 ICSID 解决之日；任一方为将投资争议提交 ICSID 解决而向 ICSID 秘书处递交书面申请，秘书长予以登记该申请之日。但《公约》的规定只是要求作为争议一方的"另一缔约国国民"必须在这两个日期拥有东道国以外的其他缔约国的国籍，而不要求国籍的连续性。换言之，自然人投资者在上述两个关键日期之间改变其国籍的，只要其在该两个日期内具有东道国以外的其他缔约国的国籍即为适格的争端一方"另一缔约国国民"。同时，《公约》也未禁止双重或多重国籍的情况，只是不得在上述的关键日期内拥有东道国国籍。还应注意到，根据《公约》第 25 条第 2 款第 1 项的规定，作为争端缔约国国民的自然人不能成为 ICSID 程序的当事方，即使其同时拥有另一缔约国的国籍。此种情形属于绝对的不适格，即使获得了争端当事国的"同意"也无济于事。对于法人，《公约》则规定为东道国将争端提交 ICSID 解决的同意之日具有东道国以外的某一缔约国国籍。但在实践中，法人是根据国内法所设立的组织，法律赋予法人国籍的目的在于保护本国利益和发展国际经济交往的需求。基于此，对法人国籍的要求自然会与对自然人国籍的要求不同。与此同时，基于法人的性质和法人经营的需要，法人的国籍具有一定的不稳定性，为此《公约》将法人国籍的判定时间限定为同意将争议提交于 ICSID 之日。

对于法人的国籍判断，尚未形成统一的标准。目前存在多种关于法人国籍判定的学说，如成立地说、管理中心地说、经济活动中心地说、资本控制说等。《公约》对此也采取了回避态度，并没有直接作出规定。

在 ICSID 受理的有关法人国籍的案例中，ICSID 仲裁庭一般采取成立地说、管理中心地说或资本控制说。如在"阿姆科公司诉印度尼西亚案"（Amco Asia Corporation and other v. Repilbic of Indonesia）中，ICSID 仲裁庭在确定阿姆科公司在印度尼西亚的子公司 P. T. 阿姆科公司的国籍时，对其采取的是法人成立地或法人管理中心所在地的国籍判定标准。除此之外，在"西非混凝土工业公司诉塞内加尔案"（Societe Ouest Aficaine des Betons Industiel v. Senegal）中，ICSID 仲裁庭在认定西非混凝土工业公司的国籍时指出，法人国籍的判定标准为法人的成立地或法人管理中心所在地，并且认为股东国籍或对公司形成实际控制的外国人的国籍在通常情况下不能作为确定法人国籍的判定标准。如在"国际海运代理公司诉几内亚案"（Maritime international Nominees Establishment v. Cuinea）中，争端当事人在投资协议的中心条款中约定，将投资协议的一方当事人，即在列支敦士登（当时该国还不是《公约》缔约国）登记成立的但是其控股股东为瑞士（该国当时是《公约》缔约国）国民的国际海运代理公司，看作是瑞士国民。但是 ICSID 仲裁庭对该案进行了管辖。遗憾的是，ICSID 仲裁庭并没有在裁决中说明法人国籍的判定标准，即如何确定国际海运代理公司的国籍，而是适用《公约》第25条第2款第1项确立其管辖权。

《公约》规定，由外国控制的法人，经争端双方同意也应被视为另一缔约国国民，继而成为适格的当事人。《公约》的这一规定，无疑在一定程度上扩大了其管辖权。但是，在实践中，如何认定作为争端方的法人是否受外国控制是一个十分关键的问题。就目前的实践而言，ICSID 仲裁庭在认定"受外国控制"时主要是对多种因素予以综合考量，以直接控制和间接控制相结合的方式判断是否被外国有效控制。如在"东方木材公司诉利比亚案"中，ICSID 仲裁庭指出，对某一公司的控制是对该公司的"有效控制"。为此，是否构成对某一公司的"控制"，不应仅限于根据在公司的持股比例加以考量，还应考虑到公司的表决权、掌握公司决策的公司管理人员（如董事长）、董事等控股人员的身份等因素。同样，在"西非混凝土工业公司诉塞内加尔案"中，ICSID 仲裁庭认为，"受外国控制"可以是任何形式的外来控制，包括具有缔约国国籍的投资者通过中介公司对东道国当地公司实施间接控制等。[1]

二、对行为的管辖权即争端当事人的同意及争端性质适格

通常而言，"对人"的管辖权和"对行为"的管辖权同样是投资争端裁决的先决条件，两者之间相互交织，密不可分。根据《公约》第 25 条之规定，ICSID 获得管辖权的核心主要有三种：一是主体要件；二是主观要件；三是客体要件。在此，ICSID 获得管辖权的另一核心要件是"争端当事方同意"即争端当事方约定同意提交 ICSID 予以仲裁。加之，ICSID 管辖权对争端客体的要求是"争端必须是由投资直接引发的法律争端"，争端当事方同意与争端性质适合是判定 ICSID 管辖权的核心问题。

（一）争端当事人同意

ICSID 管辖权的基础性要件是国际投资争议争端双方当事人在提交 ICSID 仲裁裁决解决纠纷时意思一致的表示。根据《公约》的序言，这种意思一致的表示必须以明示的书面或口头、

---

〔1〕　参见陈安主编：《国际投资争端案例精选》，复旦大学出版社 2001 年版。

默示的形式出现。虽然《公约》没有明确地对"同意"的形式作出严格的限制，但是要求争端双方当事人的同意必须以正式的形式作出，这一点体现在《公约》第25条的规定当中。默示的同意在实践当中颇具争议。但在"阿姆科公司诉印度尼西亚案"中，[1]对于默示的同意，构成《公约》对争议双方当事人的管辖权的基础。可见，ICSID对于《公约》规定的"同意"的形式要件并未作出严格的限制。在国际投资实践中，正是因为《公约》对管辖权的规定太过模糊，才导致了ICSID仲裁庭在裁决上拥有巨大的自由裁量权，以至于出现了同种类型的案件裁决前后矛盾的情形。

当事人同意的问题也直接引发了理论界的讨论，德劳姆针对《公约》提及的"法律争端主要指的是有关当事人各自权利和义务，包括投资协议之中和规定在该协议必须适用的有关法律和法规之中的权利和义务的争议。主要包括如下内涵：①有关不履行（Non-Performannce）的争议，包括由不可抗力或类似事件引起的不履行争议；②有关违反稳定条款的争议；③有关解释协议或相关立法的争议；④有关取消协议的争议，包括征收或国有化以及相关补偿问题的争议"。[2]但其也进一步指出了例外情形：一是当事人之间的利益冲突是对整个投资协议或其中某

---

〔1〕 Oration（以下简称"阿姆科公司"）是一家在美国注册的公司，其与印度尼西亚政府签订了一个投资协议。双方约定，在雅加达建造并经营一家饭店，即根据印度尼西亚法律注册的 P.T. 阿姆科公司。饭店开业后，阿姆科公司与一家由印度尼西亚军方拥有的合作社发生了争端。在争端过程中，该合作社的成员在印度尼西亚军方和警察部队的协助下，强行将阿姆科公司的管理人员从饭店赶出。不久之后，印度尼西亚政府取消了在投资开始时签发给阿姆科公司的投资许可证。阿姆科公司等于1981年1月向 ICSID 申请仲裁。

〔2〕 ［英］乔治·R. 德劳姆："跨国契约"，Booklet 16. 2，1982 年，英文版，第 34~35 页；"ICSID 实践方面的考虑"，载《国际仲裁杂志》1984 年第 i 期，英文版，第 116~117 页，转引自周成新：《国际投资争议的解决方法》，中国政法大学出版社 1989 年版，第 188~189 页。

些条款重开谈判的分歧；二是对财务账目或事实调查的争议，但是对该争议需作必要的限制。[1]

（二）ICSID 仲裁庭管辖权下的适格投资问题

投资一般被规定于"投资定义"的条款之中。在国际投资实践中，投资条款是国际投资条约的核心条款，而投资实践的复杂性也导致在国际投资条约中，有关投资的定义和与投资有关的争议较为复杂。这在一定程度上决定了外国投资者与东道国的权利范围，特别是决定了外国投资者的受保护程度。就《公约》规定的争端性质的适格而言，《公约》第 25 条第 1 款规定，ICSID 所管辖的争端为"因直接投资而产生的法律争端"。该条内含两个关键因素：一是争端必须为法律争端；二是争端是直接因投资而产生的。[2]具体而言，《公约》并未直接规定"法律争端"的内涵。世界银行在《执行董事会报告》中对其作了如下相应的解释：法律争端一词是用来表明权利的冲突属于 ICSID 的管辖范围，"单纯的利益冲突"则不属于 ICSID 的管辖范围，争端必须是法律权利和义务的关系或违反法律义务而承担的赔偿性质和范围。[3]

在实践中，ICSID 仲裁庭对"适格投资"的认定采取的是"逐案认定"的方式。这实际上扩大了仲裁庭对条约解释的自由裁量权。条约解释是理解管辖权条款不可或缺的条件。有学者指出了"表达语言文字的波段宽度对概念界定灵活性的影响"。

---

〔1〕　如某些协议的"艰难条款"（hardship clause）或"最优惠投资者或东道国条款"（most favored investor/host state clause），其实施虽然具有法律意义，但最终仍会产生履行或不履行的问题。张庆麟主编：《国际投资法问题专论》，武汉大学出版社 2007 年版，第 300 页。

〔2〕　张庆麟主编：《国际投资法问题专论》，武汉大学出版社 2007 年版，第 300 页。

〔3〕　Report of the Executive Directors on the Convention on the Settlement of Investment Dis-putes between States and Nationals of Other States.

通过对条约语言的解释可以使条约适用更加符合实践要求。[1]换言之，一项国际投资争端是否可以提交 ICSID 仲裁庭解决，关键在于对争端双方提起仲裁请求的条约中的投资条款及争端条款予以解释，从而准确界定具有可仲裁性的投资争端的内涵与外延。基于此，从《公约》的约文出发，"适格投资"本身可以包含两个关键性信息：一是一般意义上的投资排除其他经济行为；二是符合投资条约并经东道国准入的合法投资。

就一般意义的投资而言，ICSID 仲裁庭可直接定义投资条约中的投资、投资的具体形式和投资特征来综合判断某一经济行为是否属于《公约》规定的"适格投资"。在此基础上，其再根据具体投资争端中对条约的规定予以判定。此处的投资还必须具有"合法性"。投资的合法性是指投资应符合投资者母国和东道国之间签订的条约的规定。换言之，投资必须符合东道国的法律。国家主权原则决定了国家有权对其境内的外国投资者以及跨国公司的活动进行管理和监督。为此，认定投资合法性的关键在于投资是否符合东道国法律。换言之，其实质内涵是东道国法律与外国投资者之间的利益博弈与均衡，这也是判定是否符合"适格投资"的重要依据。然而，ICSID 规定了确保外国投资进入东道国市场和保护投资免受风险的义务，特别是在提出政治风险规则的同时也为维护东道国国家安全和公共利益预留了一定的空间。[2]要合理平衡和协调这两者间的关系，最为重要的一个措施就是在现行的 BIT 模式下设置必要的例外条款。以此来限定投资条款来综合判断仲裁庭管辖权。基于此，

〔1〕 Stephen Edelston Toulmin, *Foresight and Understanding: An Inquiry Into the Aims of Science*, New York: Harper & Row Publishers, 1963, p. 18.
〔2〕 参见柯月婷："论 ICSID 管辖权要求下的适合投资"，载《河南司法警官职业学院学报》2017 年第 4 期。

在投资条约的争议解决条款中一般仅规定投资争议解决方式，而未提及何为投资争议，因此还需具体参考投资定义条款来综合判定仲裁管辖权。

（三）ICSID 仲裁庭在实践中对适格投资的判定

结合《公约》目前受理的投资争端类型来看，其主要的投资争端类型为：①自然资源开采，如石油开采与勘探、森林开发、铝土矿等；②工业生产，如铝生产、消费塑料生产等；③旅游业，如国内开发旅游业；④房地产开发；⑤现代类型投资形式，如经营管理合同等。当然，随着经济全球化的发展，双边投资协定或多边投资协定对投资的规定也将具有一定的参考意义，其对投资的定义也主要采取列举的方式。[1]其中主要包括：公司股份、股票和其他形式的参股，动产和不动产相关物权；版权、工业产权（版权、专利、商标、工业设计等）；法律或法律允许的按照合同享有的任何权利以及制造、使用和销售产品的权利；用于再投入的收益。[2]就 ICSID 仲裁实践来看，尚未有针对"争端性质"提起的仲裁。但在审理案件中，ICSID 仲裁庭通常会就"争端性质"作出一定的阐释，如在"阿尔科诉牙买加案"（Alcoa Minerals of Jamaica, Inc. v. Jamaica）中，ICSID 仲裁庭就该问题作出了一定的解释，即此案涉及双方在投资协议中规定的法律权利和义务，双方的争端属于一项法律争端。[3]同

---

[1]　张庆麟：《国际投资法问题专论》，武汉大学出版社 2007 年版，第 301~302 页。

[2]　如《北美自由贸易协定》（NAFTA）第 1139 条关于投资的定义包括了企业、企业的股份或债券、赋予所有人分享企业的收入或利润的权益、有形或无形资产、执行资产或其他资源等。

[3]　美国公司与牙买加成立了一家从事铝产品的企业——阿尔科公司，该公司享有税收优惠并获得了铝土矿开采的权限，但是在该协议生效后的 6 年后，牙买加政府违反投资协议，大幅度提高了对铝土矿开采的税收。J. T. Schmidt, "Arbitration under the Auspices of the ICSID: Implication of the Decision on Jurisdiction in Alcoa v. Jamaica", 17 *Harvard International Law Journal*, Vol. 17, 1976, p. 99.

样，对于"投资"的具体内涵，《公约》也未作出详细界定。《执行董事会报告》指出，未对投资作出任何定义是因为当事人在作出同意时可就该问题作出选择。《公约》也赋予了缔约国通知 ICSID 提交争端解决的自主意志。就国际投资的实践来看，投资本身也是一个不断变化的领域，国际社会也尚未形成有关投资的权威定义。因而，《公约》没有对投资作出明确的定义也在情理之中。[1]

具体而言，在"Churchill Mining PLC and Planet Mining Pty Ltd v. Republic of Indonesia 案"中，仲裁申请人是英国矿业公司 Churchill Mining PLC 及其子公司 Planet Mining Pty Ltd，ICSID 仲裁庭经两公司同意合并审理了该案，并分别作出了裁决。ICSID 仲裁庭先是就是否享有该案的管辖权作出裁决。其经审理指出该案具有两个关键争议点：一是在《印度尼西亚-英国 BIT》（以下简称《印-英 BIT》）中印度尼西亚是否同意将有关投资争议提交 ICSID。对此，ICSID 仲裁庭认为，《印-英 BIT》第 7 条第 1 款已表明印度尼西亚同意将投资争端提交 ICSID 解决。二是申请人的投资是否处于《印-英 BIT》的保护之下，亦即申请人的投资是否为符合 ICSID 的适格投资[2]即涉案 BIT 要求的合法投资。

首先，争议双方均认可争议的投资为一般意义上的投资，而争议的核心在于涉案投资是否符合东道国法律，即涉案投资是否满足投资合法性要求。[3]ICSID 仲裁庭对适格投资的认定遵

---

〔1〕 柯月婷："论 ICSID 管辖权要求下的适格投资"，载《河南司法警官职业学院学报》2017 年第 4 期。

〔2〕 ICSID Case No. ARB/12/14 and 12/40.

〔3〕 根据《印-英 BIT》第 2 条第 1 款的规定，只有依据印度尼西亚 1967 年《外资投资法》及其修正案得到准入的投资才是适格投资，才能受到协定的保护。因此，本案的关键在于判断涉案投资是否得到准入。被申请人认为投资并非一旦进入东道国就意味着得到准入，对于是否符合东道国准入要求的审查应扩展到整个投资操作营运期间，涉案投资并非得到准入的合法投资，不在 BIT 的保护范围之内。

循了 ICSID 三个管辖权要件的要求。在认定适格投资这一要件时，ICSID 仲裁庭首先确定涉案经济行为是一项符合一般意义的投资。其次，依据《印-英 BIT》的要求，只有依据《印度尼西亚外资投资法》获得准入许可的投资才满足投资合法性要求，才是适格投资。在此基础上，ICSID 仲裁庭经过论证得出，涉案投资确实获得了印度尼西亚官方部门的确认和批准，符合东道国法律，投资具有合法性。由此可见，适格投资只有符合"双重认定标准"才属于 ICSID 管辖权要求下的适格投资。

综上所述，投资内涵的复杂性和多样性导致了 ICSID "管辖条款"在约文认定的时候存在含糊不清或模糊之处。基于此，当事人可在有关文件中明确声明依《公约》之目的构成一项投资。如双方可以对投资的特点、性质、规模或限制作出说明。但实践中，在"亚洲捷运公司诉科伦坡经济委员会案"（Asian Express v. Greater Colombo Economic Commission）中，ICSID 秘书长却认为该案是有关货物运输的争端而非直接由投资引起，遂拒绝受理其仲裁请求。在"阿姆科公司诉印度尼西亚案"中，印度尼西亚方提出，ICSID 仲裁庭对印度尼西亚军方和警察部队的行为的裁决，并非属于投资争端的范围。但 ICSID 专门委员会指出，印度尼西亚军方和警察部队的行为与某国对外投资者义务相违背，因此也系投资争端不可分割的一部分，对此享有管辖权。

（接上页）对此，ICSID 仲裁庭首先明确《印-英 BIT》第 2 条第 1 款中规定的"准入"意指一次性的同意，是外资准入的一道门槛，而非在整个投资进行过程中都需要受到准入审查，判断是否满足准入要求根据的是 BIT 中约定的准入法，而不是东道国的整个法律制度；根据印度尼西亚的相关法律，印度尼西亚投资协调委员会有权决定是否接受申请人的投资，并且也确实接受了申请人的投资。综上，申请人的投资既遵循 1967 年《印度尼西亚外资投资法》的规定，又得到有权机构的准入批准，是符合双方 BIT 要求的适格投资，ICSID 对此案拥有管辖权。UK-Indonesia BIT, Article 2（1）；Foreign Capital Investment Law No. 1, of 1967.

第三节　ICSID 管辖权与用尽当地救济原则适用

身处东道国国内的投资争议属于一国国内的事宜，根据属地管辖原则，理应由东道国法院管辖。作为争议当事方的外国投资者只有在"用尽当地救济"的前提下才可考虑采取国际争端解决方法。

一、用尽当地救济原则

用尽当地救济原则作为传统的习惯国际法规则，其最早可以追溯到 13 世纪至 14 世纪。部分国家对国民在他国遭遇区别对待，又无法获得公平的当地救济时，该国民的母国对此采取一定保护的行为。[1]这同时也涉及外交保护制度，"加害国君主不能实现公平对待是否为进行国际赔偿申请的唯一前提"这一问题显得十分重要，引起了诸多学者的讨论。理论上，用尽当地救济原则主要涉及国家主权理论、属地管辖权、国家责任原则等理论渊源。

《奥本海国际法》对用尽当地救济原则的定义为："国际法庭对以据称有拒绝司法的情形为理由而代表一个外国提出的求偿将不予受理，除非该外国人已经用尽有关国家内可以利用的一切救济方法，这已是一个公认的规则……"[2]该原则也常被纳入规定有国际法庭的强制管辖权的公约。换言之，用尽当地救济原则实际上是一国国民在向母国提出外交保护请求之前确

---

〔1〕　See Andrea K. Bjorklund, *NAFTA Investment Law and Arbitration: Past Issues, Current Practice, Future Prospects*, Todd Weiler ed. , 2004, p. 256.

〔2〕　［英］劳特派特修订：《奥本海国际法》，王铁崖、陈体强译，商务印书馆 1989 年版，第 268 页。

有必要给责任国纠正国际不法行为的机会。[1]在国际投资领域，用尽当地救济原则更多地体现为，在受到东道国侵害的外国投资者没有用尽投资东道国法律规定的所有救济手段之前，外国投资者母国政府不得通过行使外交保护权追究东道国的国际责任。

　　就国际投资争端中用尽当地救济原则的适用对象问题，学界尚存在一定的争议。一方面，有学者指出，用尽当地救济原则的适用对象是外国投资者与东道国政府之间的投资争端。主要原因是在国际投资中，主要有两类投资争端：一类是外国投资者与东道国国内私主体（包括企业和个人）之间产生的争端；另一类是外国投资者与东道国政府之间产生的投资争端。二者之间的本质区别是：前者是私主体之间的争端，[2]后者是私主体与东道国"公主体"之间的争端，故二者在具体的争端解决形式上也存在区别。[3]另一方面，也有学者指出，用尽当地救济原则在国际投资争议解决中的适用，对上述两类争议都发挥了作用。该观点主要援引了联合国 2006 年第五十八届会议《国际法委员会报告》对《外交保护条款草案》第 14 款内容的评注。该评注认为："自然人和法人都需要用尽当地救济。部分或主要由共有资本供资的外国公司也需要用尽当地救济。"[4]

　　与此同时，《外交保护条款草案》第 14 条第 2 款规定："当

---

　　〔1〕　韩立余主编：《国际投资法》，中国人民大学出版社 2018 年版，第 213 页。

　　〔2〕　对于外国投资者与东道国私主体间的争端来说，双方是平等的法律主体，其相互间发生的争端一般涉及的都是投资契约方面的问题，这种争端通常采取国际商事争端解决方式解决，而并非采取国际投资争端方式解决。《国际经济法》编写组：《国际经济法学》，高等教育出版社 2016 年版，第 497 页。

　　〔3〕　余劲松主编：《国际投资法》（第 4 版），法律出版社 2014 年版，第 352页。

　　〔4〕　联合国文件 A/61/10，第 52 页，资料来源：http://www.un.org/en/ga/search/view_doc.asp? symbol＝A/61/10&Lang＝C，最后访问日期：2022 年 6 月 30 日。

地救济指受害人可以在所指应对损害负责的国家，通过普通的或特别的司法或行政法院或机构获得的法律救济。"对于这一款的解释，联合国 2006 年第五十八届会议《国际法委员会报告》认为："外国国民显然必须用尽被告国国内法规定的可利用的一切司法救济。如果有关国内法允许根据案情向最高法院上诉，则必须进行上诉，以保证此案获得最终裁决。即使没有依法定权利向上一级法院提出上诉，但这样的法院有权酌定给予上诉许可，那么外国国民必须仍然向该法院申请上诉许可。在这方面，法院包括普通法院和特别法院，因为'关键问题不是法律救济的普通性质或特别性质，而是它能否提供有效和充分的补救手段'。……还必须用尽行政救济。受损害的外国人只需要用尽可能导致约束性决定的救济。他不需要要求行政部门行使酌处权予以补救。"[1]

二、国际投资争端中用尽当地救济原则的适用例外

参照《外交保护条款草案》第 15 条，用尽当地救济原则的适用例外包括：不存在合理的、可得到的、能提供有效补救的当地救济，或当地救济不具有提供此种补救的合理可能性；救济过程受到不当拖延，且这种不当拖延是由被指称应负责的国家造成的；受害人与被指称应负责国家之间在发生损害之日没有相关联系；受害人明显地被排除了寻求当地救济的可能性；被指称应负责的国家放弃了用尽当地救济的要求。以上适用例外在国际投资争端中同样能够得到适用。如果出现以上情况，受害投资者无须受到用尽当地救济原则的限制。

但在国际投资实践中，部分国家一直试图扩大排除"用尽

---

[1] 联合国文件 A/61/10，第 52~53 页，资料来源：http://www.un.org/en/ga/search/view_ doc.asp? symbol＝A/61/10&Lang＝C，最后访问日期：2022 年 6 月 20 日。

当地救济"的范围。如美国法学会重述规定："下列情况被视为已用尽当地救济：（1）当地救济显然达不到程序公正要求；（2）鉴于在相同案件中已有不利的决定，因而求助当地救济将是徒劳的；（3）同一侵害行为主要的是构成了对外国人国籍国的直接侵害，该国主张自己的独立请求时。"[1] 但这在实践中其实是对用尽当地救济原则的否定，在理论上也不利于用尽当地救济原则的发展。特别是不能以东道国法治、法制环境不健全等为借口排除用尽当地救济原则。在既有的国际投资实践中，判断是否已用尽当地救济的权利属于国际法庭或仲裁庭而不属于当事人各方。当然，如果存在东道国拒绝司法的情形，可被视为当地救济已被用尽。这已为国际法及其实践所普遍接受。用尽当地救济原则本身既要外国公民或法人等其他组织履行用尽当地救济的义务，也要求东道国履行提供救济手段的义务。[2]

三、ICSID 管辖权与用尽当地救济原则的关系

联合国大会通过的《各国经济权利与义务宪章》第 2 章第 2 条 2（c）规定："因赔偿问题引起的任何争议均应由实行国有化国家的法院依照其国内法加以解决。"在实践中，双边投资保证协定均有适用当地救济的规定。如《中华人民共和国政府和罗马尼亚社会主义共和国政府关于相互促进和保护投资的协定》就规定：如果缔约一方的投资者与在其领土内进行投资的缔约另一方之间关于补偿赔款额的争议，在投资所在国的法院或其他主管机关作出重新估定后仍未解决，投资者可向本国政府提

---

〔1〕　周成新：《国际投资争议的解决方法》，中国政法大学出版社 1989 年版，第 59、60、70 页。

〔2〕　张庆麟主编：《国际投资法问题专论》，武汉大学出版社 2007 年版，第 305 页。

出请求。可见，在不违反当事者一方国家主权的条件下，将争议提交国际解决并非不可行。正如《公约》在序言中所指出的："承认这种争议通常固应遵循国内法律程序解决，但在某些情况下，采用国际解决方法，可能反而适当。"这一点在联合国大会的决议中也有所体现。例如，《关于自然资源之永久主权宣言》规定"但如经主权国家及其他当事各方同意，得以公断或国际裁判办法解决争端"；《各国经济权利和义务宪章》规定"除非有关各国自由和相互同意根据各国主权平等并依照自由选择方法的原则寻求其他和平解决办法"等。该类决议在实践中得到了大多数国家的承认。[1]

正确处理用尽当地救济原则与国际争端解决的关系，特别是与 ICSID 管辖权的关系十分重要。就目前的国际投资实践而言，我们可以将处理上述关系的问题，大致归纳为如下几种方式：[2]①否定式。此种方式完全否定国际争端的可能性，认为国际投资争议纯属国内法问题，外国投资者只应在东道国内寻求救济，不可就此争议求助于任何国际的救助手段，拉丁美洲国家普遍采取此种做法。②选择式。该方法强调对国内救济和国际争端解决方法的二选一，且选择具有唯一性和排他性。③补充式。该方式主要是为了弥补国内救济的不足，其将国际救济作为国内救济方法的补充，旨在为投资者提供更有利的救济方式。ICSID 管辖就是采取的此种方式。《公约》第 26 条规定了 ICSID 管辖权的排他性，在缔约国约定下，ICSID 也构成国内救济的补充方式。ICSID 采取了国内救济与国际救济之间的灵活选择的管辖模式。

---

〔1〕 ［尼泊尔］苏里亚·P. 苏贝迪：《国际投资法：政策与原则》，张磊译，法律出版社 2015 年版，第 136~138 页。

〔2〕 张庆麟：《国际投资法问题专论》，武汉大学出版社 2007 年版，第 309~313 页。

综上，存在不同的处理方式的主要原因在于各国在实践中处理投资争议时采取了不同立场。采用否定式的国家从维护国家主权出发，反对任何国际机构对东道国的司法作任何评判与干预，反对外国投资者享有高于本国公民的待遇。这不仅是国家主权原则的体现，也符合国际投资争议属地管辖原则。[1]但是，面对纷繁复杂的国际投资实践，一味地坚持用尽当地救济原则，而否定国际争端解决的可能性，对改善东道国投资环境、保护外国投资者利益及促进国际投资的健康良性发展是不利的。

换言之，从本质上来讲，用尽当地救济原则本身体现的是外国投资者应主动尊重东道国的属地管辖权，而非绝对化地排除采取国际争端解决的可能性。接受 ICSID 管辖，并非意味着对东道国行为的强制评判。[2]即 ICSID 只是作为第三者为争端当事方采取的一种较为公平化或"平等性"的方法或场所。故而在实践中，由 ICSID 作出的判决更为外国投资者所接受。[3]

而补充式似乎是处理 ICSID 管辖权与用尽当地救济原则关系的一种较恰当的方式。它坚持了国家属地管辖的原则。国际投资争议发生于东道国内，理应归属东道国管辖。《公约》对此也是给予肯定的。正如其《执行董事会报告》所指出的："一般来说，投资争议应通过有关的投资所在国现行法律规定的行政、司法或仲裁程序解决。"其次，它也不排斥采取国际争端解决方式的可能性。在某种程度上，采取国际争端解决方式或许会更有利于投资争端的解决。但必须指出，这种求助国际解决的方法，主要侧重于提供一种解决争议的渠道，特别是对东道国与

---

〔1〕　参见张庆麟：《国际投资法问题专论》，武汉大学出版社 2007 年版，第307 页。

〔2〕　张庆麟：《国际投资法问题专论》，武汉大学出版社 2007 年版，第 308 页。

〔3〕　参见张庆麟：《国际投资法问题专论》，武汉大学出版社 2007 年版，第307-390 页。

外国投资者之间这种复杂的、较难妥善解决的争议，只是以平等第三者的身份对该争议作出裁决，而非干预东道国的行政、司法机关。换言之，在该方法中，国际争端解决方法虽然被视为对国内救济的一种补充，但只是为外国投资者与东道国解决争议多提供一种渠道，以便更为妥善地解决争议。[1]

第四节　非 ICSID 仲裁的管辖权的适用

《公约》以外的非 ICSID 仲裁，包括了根据《ICSID 附加便利规则》进行的投资仲裁、《联合国国际贸易法委员会仲裁规则》的专设仲裁、在斯德哥尔摩商会仲裁院（SCC）、国际商会仲裁院（ICC）等国际商事仲裁机构进行的投资仲裁等。对于非 ICSID 仲裁，ICSID 仲裁庭的管辖权无需满足《公约》第 25 条的管辖权要件，但是需要符合当事方约定的仲裁协议。在实践中，投资仲裁中的仲裁协议主要为投资者母国与东道国所缔结的 BIT 中的争端解决条款。该类条款一般需要约定仲裁的意思表示，并约定仲裁事项。

一、一般国际投资争端的管辖权问题

联合国贸易和发展会议（UNCTAD）公布的统计数据显示：全球现行有效的国际投资条约（包括双边投资条约和含有投资条款的条约）总计有 3300 份，其中有 2441 份规定了投资者-东道国争端解决条款（ISDS）。[2]所以可以说，作为鼓励和保护每个缔约国境内投资的框架条约，基本上都规定了 ISDS 条款，尤其是以 BIT 为主。双方通过条约约定投资仲裁的方式也是最为重要

---

〔1〕　张庆麟：《国际投资法问题专论》，武汉大学出版社 2007 年版，第 308 页。

〔2〕　UNCTAD, https://investmentpolicy. unctad. org, 2022-7-1.

的，与东道国单方面公布的投资法规不同的是，它们是经过双方同意的，由本国和东道国共同商定保证国际投资的待遇标准，并为投资者与国家的争议解决提供多种方案。

就非 ICSID 投资仲裁案件而言，国际投资仲裁的管辖权规则一般是属物管辖、属人管辖、属时管辖、管辖权合意，具体而言，即对争端事项的可仲裁性、具体经济活动是否符合投资定义的判断。国际仲裁的管辖权认定分为法律解释、事实认定、概念涵射三个基本流程。[1] 就对国际投资的仲裁而言，确立管辖权的前提是框定争端事项的可仲裁性。如果确认存在投资，ICSID 仲裁庭便可行使管辖权，如果不存在投资，ICSID 仲裁庭便将无权裁判案件。[2] 另一方面，当事人的合意将直接构成对仲裁庭管辖权的限制，在缺乏或超出仲裁合意的情况下作出的裁决可能面临被撤销或不予执行的风险。相应地，投资仲裁案件中争端当事双方如何界定投资活动，将直接关系到可仲裁事项的范围及仲裁庭行使仲裁管辖权的权力外延。因而，对管辖权的确定最终需要回归至对条约争端解决条款的解释上。

二、主要的非 ICSID 投资仲裁选项

在国际投资实践中，主要的非 ICSID 国际投资仲裁包括常设仲裁法院（PCA）所管理的投资仲裁、国际商会仲裁院（ICC）所管理的投资仲裁、斯德哥尔摩商会仲裁院（SCC）所管理的投资仲裁、根据《联合国国际贸易法委员会仲裁规则》和亚太地区国际投资仲裁规则进行的投资仲裁。具体如下：

---

〔1〕　张建："国际投资仲裁管辖权研究"，中国政法大学 2018 年博士学位论文。

〔2〕　张建："论国际投资争端中可仲裁事项的范围——以仲裁庭对'投资'的定义方法为中心"，载《中山大学青年法律评论》编辑部组编：《中山大学青年法律评论》（第 2 卷），法律出版社 2018 年版，第 148 页。

第一，常设仲裁法院（PCA）是世界范围内第一个通过仲裁、调解、事实查明等和平方式解决国际争端的常设性非政府组织。其根据 1899 年第一次海牙和会通过的《关于和平解决国际争端的公约》而设立，目前已有 117 个国家加入了该公约。[1]尽管该组织名为"法院"（Court），但其是融合了多类司法外替代性争端解决方法的非政府间国际组织。[2]对于投资者与国家间的争端，PCA 主要是在当事人选用《联合国国际贸易法委员会仲裁规则》进行临时仲裁的情况下担任案件管理机构或仲裁员指定机构。为此，PCA 还专门制定了《仲裁国家与非国家当事人之间争端的备选规则》。该规则为解决各类争端提供了有效的方式，尤其是当某一方当事人未选定仲裁员，或各方当事人无法就第三名仲裁员达成一致意见时，PCA 的秘书长将行使委任权。此外，由于 PCA 与全球范围内的国际仲裁机构保持紧密的联系，其完全有能力及时地在相关类型的争议领域委任适格的专业仲裁员，并且可以在当事人的约定下决定临时仲裁案件仲裁员的回避问题。

第二，国际商会仲裁院（ICC）是在国际商事争端解决领域具有领军地位的仲裁机构。与 PCA 一样，ICC 提供广泛的以仲裁方式解决争端的服务，而并非通常意义上的"法院"（Court）。自从 1923 年成立以来，ICC 始终致力于将仲裁发展成为用于解决跨境争议的首选方法。从销售合同、知识产权事项、合营企业、股权购买协议，到国家出资的建设工程纠纷，ICC 被公认为解决各类争议的首选方案。基于此，ICC 因符合世界范围内贸易伙伴的争议解决需求与商业利益而备受关注。2017 年 3 月 1 日起开

---

〔1〕 格鲁吉亚于 2015 年 3 月 22 日加入了 1907 年《海牙和平解决国际争端公约》，正式成为 PCA 的第 117 个成员国。

〔2〕 张建："论国际投资条约仲裁：主要机构及其管辖权"，载中国国际经济贸易仲裁委员会、中国海事仲裁委员会、中国国际商会仲裁研究所主办：《仲裁与法律》（第 134 辑），法律出版社 2017 年版，第 114 页。

始生效的《国际商会仲裁院仲裁规则》也是一项程序性规则，仲裁院自身不解决争议，而是根据《国际商会仲裁院仲裁规则》对案件实施管理。《国际商会仲裁院仲裁规则》关于国际投资仲裁案件管辖权的规定主要体现在第 6 条"自裁管辖权"原则中。该规则第 6 条第 3 款规定，对于任何管辖权问题，或各项请求是否可以在该次仲裁中作出共同裁决的问题，应由仲裁院直接决定，除非秘书长按照第 6 条第（4）款的规定，将有关事项提交仲裁院决定。第 6 条第（4）款规定，对于根据第 6 条第（3）款提交仲裁院决定的所有案件，仲裁院应就仲裁是否继续进行以及应在何等范围内继续进行作出决定。如果仲裁院基于表面所见，认为一个仲裁规则要求的仲裁协议可能存在，则仲裁应继续进行。[1]ICC 凭借其在国际商事争端解决中的丰富经验，在国际投资争端解决领域居于重要地位。

　　第三，斯德哥尔摩商会仲裁院（SCC）于 1917 年成立，并于 1993 年登记了其第一起投资争端案件，是目前世界上解决投资争议最权威的机构之一。SCC 仲裁规则比较独特之处在于将仲裁程序的具体事宜尽可能地交由仲裁庭决定，其仲裁庭的成员主要选自具有国际法律实践经验的瑞典律师或已退休的瑞典法官。SCC 陆续受理了大量的投资争端案件，其中主要是根据 BIT 取得管辖权。SCC 在不同的投资争端案件中的角色不尽相同，所受理的大部分投资争端案件是根据 SCC 仲裁规则处理的。其仲裁规则在最常使用的投资争议规则中排名第三。同时，SCC 也是继 ICSID 之后世界排名第二的处理投资争议的仲裁机构。根据《联合国国际贸易法委员会仲裁规则》，SCC 还可以在处理

---

〔1〕　ICC Arbitration Rules 2017. Art. 6, availble at：https://iccwbo. org/publication/arbitration-involving-states-state-entities-icc-rules-arbitration-report-icc-commision-arbitration-adr，2022-7-1.

投资争议时作为任命机构。SCC 被全球至少 120 个双边投资条约以及《能源宪章条约》（ECT）列为投资者与东道国间争端解决的机构。其中 61 个双边投资条约明确规定 SCC 仲裁规则适用于基于该条约引发的投资争端。其他 60 个双边投资条约将 SCC 作为《联合国国际贸易法委员会仲裁规则》的任命机构，或者选择将瑞典作为仲裁案件的受理地。[1]

第四，《联合国国际贸易法委员会仲裁规则》（以下简称《UNCITRAL 仲裁规则》）于 1976 年通过并于 2010 年修订，其可适用的争议形态并不受制于争端主体限制。该仲裁规则具有一定的普适性，平等主体之间的商事仲裁、无仲裁机构介入的特设仲裁（也称临时仲裁），仲裁机构管理的商事仲裁、投资者与国家间的仲裁程序，甚至主权国家之间的公法仲裁，都可以选用该规则。值得注意的是，许多国际仲裁机构也倾向于选择该规则仲裁或者是以该仲裁规则为蓝本制定相应的仲裁规则。事实上，《UNCITRAL 仲裁规则》并不隶属于任何一个仲裁机构。[2]《UNCITRAL 仲裁规则》所具有的灵活性、中立性、国际性优势，使其频繁被当事人选用，作为支配外国投资争端仲裁程序事项的规则。根据 UNCTAD 于 2012 年所做的统计：在已知的 450 多件国际投资条约仲裁案件中，有 126 个案件的仲裁程序以《UNCITRAL 仲裁规则》为基础进行。[3]基于其规则在实

---

〔1〕 SCC, https：sccinstitute. com/dispute-resolution/investment-disputes，2022-7-1.

〔2〕 UNCITRAL, "Recommendations to Assist Arbitral Institutions and Other Interested Bodies With Regard to Arbitration Under the UNCITRAL Arbitration Rules", available at：http://www. uncitral. org/pdf/english/texts/arbitra- -tion/arb-recommendation-2012/13-80327-Recommendations-Arbitral-Institutions-e. pdf, last visited：2022-06-26.

〔3〕 R. Doak Bishop, James Crawford, Michael Reisman, "Foreign Investment Disputes：Cases, Materials and Commentary", Second Edition, *Kluwer Law International*, 2014, p. 374.

践运用中逐渐趋于成熟化，《UNCITRAL 仲裁规则》被诸多双边投资协定、区域性自由贸易协定乃至多边条约中的争端解决条款明确援引，作为 ICSID 之外其他投资仲裁程序中最广为接受的仲裁规则。例如，《北美自由贸易协定》（NAFTA）、《能源宪章条约》（ECT）、东南亚国家联盟（ASEAN）的区域投资协定的争端解决条款中都存在适用《UNCITRAL 仲裁规则》进行投资仲裁的专门规定，且其作为仲裁规则的重要性正因相关判例的增加而得到重视。[1]

第五，亚太地区国际投资仲裁规则，主要包括《新加坡国际仲裁中心投资仲裁规则》和 CPTPP 的投资争端解决规则。新加坡国际仲裁中心（Singapore International Arbitration Center，SIAC）针对投资仲裁规则也进行了许多新的改革。最新版的《新加坡国际仲裁中心投资仲裁规则》（Investment Arbitration Rules，SIAC IA Rules）于 2017 年 1 月 1 日正式生效。根据 SIAC IA Rules Introduction（iii）的规定，[2]当事各方可以在争议发生之前或之后的任何时候同意适用该规则，尽管当事各方可能事先同意或一方当事人先前已表示同意，按照其他仲裁规则进行仲裁，但只要随后同意适用《新加坡国际仲裁中心投资仲裁规则》即可。其次，仲裁也没有限定具体的管辖权。根据 SIAC IA

---

〔1〕 David D. Caron, Lee M. Caplan, *The UNCITRAL Arbitration Rules：A Commentary*, Second Edition, Oxford University Press, 2013, p. 8.

〔2〕 SIAC INVESTMENT ARBITRATION RULES, Introduction iii.：Where the parties to a dispute have previouslyconsented, or a party has previously offered to consent, to arbitration in accordance with rules of arbitratio other than the SIAC Investment Arbitration Rules. whether in a contract, treaty, statute or other instrument, the dispute may be referred instead to arbitration in accordance with the SIAC Investment Arbitration Rules if theparties have subsequently consented to refer such dispute to arbitration in accordance with the SIAC Investment Arbitration Rules.

Rules Introduction（ii），[1]该规则可以被适用于"任何类型"的仲裁，并且此类适用不受诸如"要求存在符合条件的'投资者'或'投资'"之类的附加管辖标准的约束。但同时，《新加坡国际仲裁中心投资仲裁规则》也明确规定，当事人可能受到相关合同、条约、法规或其他文书中可能包含的管辖标准的约束。这与《公约》的管辖权限制形成了鲜明的对比。与此同时，该规则还明确放弃了管辖权豁免，确立了初步管辖权异议和先期驳回制度等管辖制度。

就 CPTPP 中的投资争端解决规则而言，《跨太平洋伙伴关系协定》（Trans-Pacific Patnership Agreement，TPP）涉及的 11 个亚太国家——日本、加拿大、澳大利亚、新加坡、新西兰、文莱、智利、马来西亚、墨西哥、秘鲁和越南——共同发布了联合声明，将 TPP 正式更名为"Comprehensive and progressive Agreement for Trans-Pacific Patnership"即 CPTPP。相较于 TPP，CPTPP 对"Intellectual Property"（知识产权）和"Investment"（投资）等章节作出了较大的修改。其中，对投资章节被暂停的条款影响最大的是关于"Investment Agreement"（投资协议）和"Investment Authorisation"（投资授权）的定义，这可能会极大地限制适用 ISDS 的范围。尽管目前中国不是 CPTPP 成员国，但是中国与这 11 个成员国都有较多的经贸合作，因而中国作为投资大国，掌握和运用 CPTPP 的规则对更好地解决投资争端具有重要意义。

---

　　[1]　SIAC INVESTMENT ARBITRATION RULES, Introduction ii.：The SIAC Investment Arbitration Rules havebeen developed with a view towards the issues unique to intermational investment arbitration. These Rules maybe agreed and applied in any type of arbitration, the application of which shall not be subject to objective criteria, such as the existence of a qualifying "investor" or "investment" or the presence of a State, State- controlled entity or intergovernmental organisation, without prejudice to any requirements set out in the underlying contract, treaty, statute or other instrument.

第三章

ICSID 管辖权下外国投资者的 适格的实证分析与现实问题

　　《公约》对于另一缔约国国民的外国投资者的国籍身份尚未作出明确的规定。纯粹的自然人投资者，其国籍的身份认定根据习惯国际法及国际条约，一般是按照国内法来认定。但是法人投资者的国籍规定在实践中显然要比自然人投资者复杂。其中，法人投资者的国籍身份按照国内法来确定是毋庸置疑的，但每个缔约国在通过国内法判断法人国籍的控制标准问题上是存在矛盾的。这就导致法人投资者的国籍认定存在较大的争议与矛盾冲突。同时，《公约》对于外国投资者的国籍认定标准有一条明确的实质性限制要件，即东道国国民不可诉本国。这就使得东道国法人投资者外国控制的问题产生了较大的适用冲突点。这使得 ICSID 仲裁庭在实践中采取的法人控制标准具有很大的自由裁量权，这种自由裁量权有可能会为规避 ICSID 管辖权提供便利。换言之，在实践中，ICSID 管辖权下的适格投资者的认定无法达成统一的标准。

第一节　ICSID 仲裁庭对自然人投资者的判定的现实问题

　　根据《公约》第 25 条之规定，自然人投资者的身份认定必须要符合以下两种情况：一是要符合《公约》规定的国籍要件，具备缔约国国籍身份；二是在提交仲裁时至仲裁裁决作出后拥有缔约国国籍但排除东道国国籍。这项条约的限制是国际法基本原则的体现，除非缔约国国家明确表示同意，否则本国国民不能起诉本国。ICSID 的设立及运作即是围绕此项基本原则。

然而，国际习惯法对于外国投资者国籍的规定并没有达成统一的共识，在有关国籍问题的区域性国际条约中，也未有明确、具体的规定。国内法是一国国内判断国籍的主要标准，故国家对于国民的国籍判断享有主动权。各国对于国籍的解释是国家主权的体现。但是，在 ICSID 管辖权适用的条件下，ICSID 仲裁庭对于提交争端的外国投资者的国籍的认定，可以适用自由裁量权，其在具体认定的时候并不会限制与某一国家国内国籍法的比较与运用。结合外国投资者的定义，在 BIT 及各国投资者的普遍国际投资实践中，自然人作为外国投资者的定义通常为：根据缔约国国内的相关法律，自然人投资者必须具有缔约国国籍或是在缔约国享有永久居留权。当然，BIT 或多边国际投资的协定对于自然人投资者的认定并不是绝对的，有一些是十分宽泛的。如它们认为，无论是有缔约国国籍资格还是有永久居留权的外国国民，外国投资者的身份都应得到确认或认可。

根据上述论述，对于自然人投资者的定义，在国际投资领域内有着不同的解释。《公约》虽然对投资者的概念作出了解释性的规定，但是对 ICSID 如何判定投资者却没有作出规定。这使得 ICSID 在判定适格投资者提交 ICSID 管辖上面临不少困难，可以结合以往 ICSID 判定适格投资者的案例来具体分析得出 ICSID 对于适格投资者的判定标准及裁决惯例。[1]

---

[1] 沈虹："论 ICSID 对涉中国投资条约仲裁的管辖权——兼论 ICSID 涉中国第一案"，载《法学杂志》2011 年第 7 期。

一、双重国籍

从国际投资法的角度来看，国籍有着特定的作用，国籍不仅能够区分本国投资者和外国投资者，从而达到确定投资者在投资活动中所处的法律地位的目的，还体现了不同投资主体间的权利义务关系，是东道国给予外国投资者不同待遇的重要依据。无论是国民待遇、最惠国待遇的采用，还是互惠待遇、差别待遇的给予，都要以拥有特定的国籍为前提。可以说，国籍直接影响着外国投资者所享有的待遇水平和所获得的保护范围。国籍体现了投资者与母国的特定联系，投资者在进行对外投资的过程中不但要遵从东道国的法律，还要符合其母国关于投资项目、投资环境、税务承担方面的规定。另一方面，国籍是投资者寻求母国采取外交保护或者利用母国与东道国签订的双边投资协议保护自身利益的基础。

在 ICSID 裁决案例中，涉及双重国籍的判定标准，最具有代表性的案例为"Soufraki v. The United Arab Emirates（UAE）案"。[1]苏夫拉基具有加拿大及意大利的双重国籍身份。他根据《意大利–阿拉伯联合酋长国 BIT》将其与 UAE 的投资争议提交 ICSID 仲裁。意大利及阿拉伯联合酋长国为《公约》的缔约国，而加拿大则为《公约》的非缔约国，在提交仲裁申请的时候，阿拉伯联合酋长国向仲裁庭提出苏夫拉基国籍身份的抗辩，理由是其不具有意大利的国籍身份，非 ICSID 仲裁庭的适格自然人投资者。苏夫拉基据此答辩称，其具有意大利颁发的护照及外交机关出具的意大利公民身份的证明文件。ICSID 仲裁庭经调查认为，苏夫拉基于 1991 年就已经取得了加拿大的国籍身份，按照意大利国籍法的规定，只要意大利的国民离开本国取得国

---

[1]　ICSID Case No. ARB /02 /7, July 7, 2004.

外的国籍身份，即丧失意大利的国籍。据此苏夫拉基辩称，至此仲裁提交之日，其一直享有意大利政府的国民待遇，就应当满足依据 BIT 和《公约》的规定作为适格自然人投资者的定义。ICSID 仲裁庭为此解释道，在国际仲裁实践中，自然人的国籍具有争议的时候，ICSID 仲裁庭有对此争议实施调查的权利，并且据此调查的结果来判断以国籍为构成管辖权要件的 ICSID 仲裁庭是否享有管辖权。ICSID 仲裁庭的判定会尽最大可能使得受争议国的国籍法与东道国对国籍法的解释与适用保持一致。因此对争议双方当事人国籍的判定权是属于仲裁庭的。但是东道国抗辩 ICSID 管辖权的另一理由是自然人投资者具有包括东道国在内的《公约》限制管辖权的双重国籍身份。这种情况被《公约》第 25 条第 2 款第 1 项所明确禁止。以下的案例说明了此种情况下仲裁庭的态度及立场。

在 "Champion Trading Co. et al v. Egypt 案"[1]中，两家美国公司 Champion Trading Campany 和 Ameritrade In temational Ino（以下简称"申请人"）系一家埃及公司 National Cotton Campany（NCC）的股东。1994 年，埃及政府开放该国棉花市场，NCC 应运而生，从事棉花生产和销售业务。争议当事人即包括 2 个具有美国国籍的法人和 3 个同时具有美国国籍和埃及国籍的自然人。ICSID 仲裁庭在此种概况下认为《美国-埃及 BIT》第 Ⅱ 条要求埃及政府不以国籍的不同为由区别对待 NCC 和其他公司，如若它们处于相当情形下的话。至于在相当情形下，差别待遇可否因其基于其他客观原因而被许可，则是下一步的问题。而这个问题，在仲裁庭看来在本案中无需回答。因为它认为 NCC 和其他从补偿中受益的公司不是处于相当情形下。支持仲裁庭这一裁决的事实性分析，大体上与前述埃及就补偿方案进行辩

---

[1] ICSID Case No. ARB /05 /15, Apr. 11, 2007.

解的事实陈述部分相同。基于上述分析，仲裁庭作出裁决裁定埃及的补偿方案没有违反《美国-埃及 BIT》中的国民待遇义务，驳回申请人的相关请求。此外，仲裁庭援引《公约》第 25 条第 2 款第 1 项的规定，排除含东道国国籍身份的自然人管辖权，上述案例的投资者身份在 ICSID 当然不适格。

根据上述所述，对于双重国籍判断，在 ICSID 的裁决中，对于争端国而言，就争议一方的国籍的具体认定，ICSID 仲裁庭享有主动调查的权利，并根据调查结果享有对争议当事人国籍认定的自由裁量权。其中，对于同时具有非东道国及东道国国籍的投资者双重国籍的判定标准不一致。裁决的依据是《公约》第 25 条第 2 款第 1 项的规定及国际仲裁中的司法实践。

二、国籍的持续性原则

在 ICSID 受理的案件中，国籍时间要件的抗辩也在 ICSID 管辖权的异议中占据重要比重。自然人的国籍身份要件在《公约》中被表述为，直至提交仲裁之日起，作为适格的投资者应当排除东道国国籍身份。相对于 ICSID 仲裁庭而言，《公约》对自然人国籍身份的模糊化规定同样使得 ICSID 在裁决时面临一定程度的困难。

首先，适格投资者的继承人同时具有东道国国籍和缔约国国籍。在既往的仲裁庭关于国籍的时间要件裁决的判例 "Siag and Vecchi v. Egyplf 案"[1]中：维奇与西亚格按照《埃及-意大利 BIT》的规定将其国际投资争端提交 ICSID 仲裁裁决。在裁决过程中，维奇去世，由其继承人代位进行后续的争端解决，但是其仲裁的继承人是具有双重国籍身份的人且双重国籍身份中包括东道国。被申请人由此主张根据《公约》对于国籍时间

---

[1]　ICSID Case No. ARB /05 /15, Apr. 11, 2007.

要件的规定，ICSID 仲裁庭对本案不享有管辖权，因为维奇的继承人是具有埃及国籍的自然人，不是适格投资者。作为东道国的埃及同时提出，作为 ICSID 管辖权下的适格投资者，根据《公约》的规定，从提交仲裁申请之日起应当具备投资者母国国籍的身份，这种身份应当持续到仲裁裁决作出之日。埃及作为东道国认为，符合《公约》对于自然人身份的时间要求是 ICSID 管辖权适用的必要性条件。此种国籍的身份要件根据《公约》规定作出的文义解释即是自然人国籍的持续原则。但是 ICSID 仲裁庭并没有支持埃及所提出的仲裁主张，而认为作为被申请人的埃及所主张的"投资者国籍持续原则"本身在国籍法的适用上存在较大的争议，目前并没有得到 ICSID 的认可。《公约》对此也没有作出明确的规定，作为适格投资者，《公约》规定的时间要件是争议双方自双方就同意将争议提交仲裁之日起至 ICSID 秘书长登记仲裁请求之日，直至最终裁决作出时，都一直具有投资者母国的国籍。同时，ICSID 仲裁庭最终认定维奇的继承人是适格投资者，ICSID 仲裁庭对此具有管辖权。

根据案例，本书认为，ICSID 的管辖权是建立在争议提交之日时投资者具备正当当事人资格，且这样的资格被继承时应该被全部继受的基础上的。否则，不仅违背法理基础和国际投资的交易安全，更不符合 ICSID 建立之初的宗旨和原则。

其次，适格投资者同时具有东道国国籍和另一缔约国国籍，在争议提交仲裁前自动退出东道国国籍。在"Victor Pey Casado and President Al-lende Foundation v. Republic of Chile 案"[1]中，卡萨多先生是具有西班牙国籍的自然人，随后其又取得了智利的国籍。但他于 1998 年已向智利驻阿根廷领事馆提交退出智利

---

[1] ICSID Case No. ARB /98 /2, Apr. 22, 2008.

国籍之申请。随后即按照《智利－西班牙 BIT》的规定向 ICSID 申请仲裁其与智利的投资争议，并且出具了智利公务部门对其是外国人的身份证明。但是，智利政府认为，卡萨多是具有东道国国籍的拥有双重国籍的自然人，根据《公约》关于适格投资者的规定，其不适格。但是，ICSID 仲裁庭经过调查发现，有关智利的国家宪法及国籍法表明，智利公民退出其国家的国籍是合法的。并且卡萨多实施了向智利领事馆申请退出智利国籍的一系列积极行为。且直至仲裁申请之日起，智利的有关国家公务机构已经向卡萨多出具了退出国籍的证明。因此，ICSID 仲裁庭认为卡萨多在其与智利的投资争议中为适格的自然人投资者，ICSID 对此享有管辖权。

上述案例在判断自然人投资者同时具有包括东道国在内的另一缔约国国籍的身份时认为，只要在提交 ICSID 仲裁裁决前，按照争议国国内国籍法的规定，自动退出东道国国籍的，ICSID 即可获得对该自然人投资者的管辖权。换言之，此自然人投资者即适格投资者。

三、集团仲裁与集体仲裁

集团仲裁并不是传统的仲裁理念，集团仲裁起源于 20 世纪 80 年代的美国，由于当时集团诉讼在产品责任、劳工保护等领域十分盛行，一些企业为了避免成为集团诉讼的对象，开始在消费合同、雇佣合同等格式合同中加入统一的仲裁条款，以迫使合同相对人通过仲裁方式个别地解决纠纷。在实践中，为了防止这一权利被滥用，美国法院通过一系列判决，授权和支持此类格式合同的相对人以集团仲裁的方式寻求救济。[1]

---

〔1〕 Stacie I. Strong, *Class*, *Mass*, *and Collective Arbitration in National and International Law*, Oxford University Press, 2013, pp. 8~11.

作为集团诉讼在仲裁领域的表现，集团仲裁程序允许一个或几个仲裁申请人代表其自身以及所有具有相同利害关系的其他当事人，依据相同的仲裁条款对同一被申请人提起仲裁。[1]虽然在形式上，集体诉请和集团仲裁都表现为多个申请人对同一被申请人提起仲裁，但二者存在本质区别。在集体诉请中，共同提起仲裁请求的每个仲裁申请人的身份均十分明确，并均以本人名义参与仲裁，彼此间不存在代表与被代表的关系。而在集团仲裁中，提起仲裁请求的那部分仲裁申请人代表的是具有相同利害关系的整个申请人"集团"。尽管"集团"中"被代表"的申请人的数量和身份具有不确定性，但仲裁裁决对所有"集团"成员均具有约束力。[2]

在 ICSID 仲裁庭的裁决案例中，如在 "Abaclat and Others v. The Argentine Republic 案"[3]中，ICSID 仲裁庭首次作出了支持集体仲裁形式提交仲裁的决定。在此案中，阿根廷政府与数名国债债权人达成了重组协议，但是作为持有债权的外国债权持有人拒绝签署此协议。约 6 万名意大利债权持有人按照《阿根廷-意大利 BIT》的规定向 ICSID 提请仲裁。[4]

在 "Theodoros 案"中，针对被申请人提出的申请人一方人数高达 956 人（提出请求的 958 人中有 2 人被排除在外），影响到案件审理程序及难以确定损害赔偿的问题，仲裁庭认为这不属于管辖权问题，而是属于在《公约》框架下能否"管理"这

———————————

〔1〕 Gary Born, Claudio Salas, *The United States Supreme Court and Class Arbitration: A Tragedy of Errors*, 2012 (1), J. Dispute Resolution, pp. 21~22 (2012).

〔2〕 Stacie I. Strong, "Does Class Arbitration 'Change the Nature' of Arbitration? Stolt-Nielsen, AT&T, and a Return to First Principles", 17 (1) Harv. Negotiation L. Rev. 201 (2012).

〔3〕 ICSID Case No. ARB /07 /5, Aug. 4, 2011.

〔4〕 周园："试论 ICSID 语境下的适格投资者"，载《时代法学》2013 年第 4 期。

样的集体诉请的问题，属于可受理性问题。[1]而集体诉请是否可以被受理，取决于集体诉请是否符合双边投资条约的规定，是否可以在 ICSID 下处理。同时，该案仲裁庭提出了判断仲裁庭能否受理集体诉请案件所涉及的几个方面：①能否使申请人的权利得到行使，即能否审理其提出的请求；②通过 ICSID 框架下的程序能否审理集体诉请案件；③仲裁庭的审理是否会影响到答辩人的正当程序权利。再比如，在某些 ICSID 仲裁案件中，仲裁庭将仲裁的前置条件认定为可受理性问题，继而在裁决中得出不满足该前置条件并不影响其管辖权的结论。[2]

　　除了上述案例，不管是《公约》的规定还是 ICSID 仲裁裁决的以往实践，结合《公约》英文原文的词义表达，其中对于外国投资者的表述均为单数。这是否就意味着，《公约》不允许数名自然人投资者的起诉？根据《公约》第 25 条的规定和 BIT 第 1 条的规定，ICSID 仲裁庭的多数仲裁员认为，由数名投资者向 ICSID 发起的仲裁争议应当符合 ICSID 行使管辖权的先决要件，即集团仲裁应当符合仲裁的实质及形式要件。为此，ICSID 仲裁庭进一步解释，《公约》和 BIT 中的集团仲裁是符合 ICSID 及 BIT 设立的宗旨及目的的，在此类案件当中，多数的当事人直接作为一个主体，提交 ICSID 仲裁庭进行仲裁即可。因此，根据上述的论证，集团仲裁当然是 ICSID 所应当准许的仲裁方式。多数仲裁庭成员对于集团仲裁表示肯定，但是也有少数仲裁庭成员对此持反对意见。基于此，只要争端仲裁当事人根据《公约》或 BIT 协议的规定具备争端解决的仲裁条件，则不管是

----

〔1〕　Theodoros Adamakopoulos and others v. Republic of Cyprus, ICSID Case No. ARB/15/49, February 7, 2020 (Decision on Jurisdiction and Admissibility), para. 214.

〔2〕　参见黄丽萍：“国际投资仲裁集体性请求的强制合并构想”，载《北京仲裁》2020 年第 1 期；龚宇：“ICSID 投资仲裁中‘集体诉请’的适用限度——基于阿根廷主权债务重组争端的反思”，载《武大国际法评论》2017 年第 2 期。

多数人还是只有一个人，都该为争端适格当事人。[1]

但随着国际投资实践的不断发展，对于集团仲裁的申请，ICSID 秘书处认为并不是所有 ICSID 成员方都有相对应的集团诉讼制度，目前不宜处理这一选项。[2]基于此，在后续的工作文件中，有关集团仲裁的议题没有形成统一的规则方案。在后续的发展过程中，2018 年 8 月，ICSID 秘书处发布的工作文件指出"基于当事方同意的合并和由仲裁庭决定的强制合并都包括在内"。这里的集团仲裁强制合并内容基本借鉴了国际投资条约中的合并规定，只是在合并仲裁员的选择上加入了仲裁员国籍回避等特殊的规则。[3]但从 2019 年 3 月发布的第二份工作文件来看，经过 ICSID 成员方的进一步商，集团仲裁请求强制合并的问题因部分国家的反对而被暂时搁置。[4]后 2019 年 8 月发布的第三份工作文件表明，ICSID 及其成员方坚持了这种立场。[5]

第二节　ICSID 仲裁庭对法人投资者的判定

鉴于法人的人格概念区别于自然人概念，在以往的 ICSID 仲裁庭裁决案例中，ICSID 仲裁庭在认定法人的国籍时尚未采取

[1] 参见龚宇："ICSID 投资仲裁中'集体诉请'的适用限度——基于阿根廷主权债务重组争端的反思"，载《武大国际法评论》2017 年第 2 期；黄丽萍："国际投资仲裁集体性请求权的强制合并构想"，载《北京仲裁》2020 年第 1 期。

[2] See ICSID Secretariat, Proposals for Amendment of the ICSID Rules—Working Paper, 2 August 2018, p. 854.

[3] See ICSID Secretariat, Proposals for Amendment of the ICSID Rules—Working Paper, 2 August 2018, pp. 191~195.

[4] See ICSID Secretariat, Proposals for Amendment of the ICSID Rules—Working Paper # 2, March 2019, p. 210.

[5] See ICSID Secretariat, Proposals for Amendment of the ICSID Rules—Working Paper # 3, August 2019, pp. 325~328.

统一的标准。故相对于自然人投资者适格的认定，法人投资者的适格的认定更具争议。

一、《公约》的规定

《公约》第 25 条规定，自提交 ICSID 仲裁裁决之日起，排除缔约国国籍身份的法人投资者或虽然具有东道国国籍身份但为外国政府所控制，但争端双方当事人一致同意将其作为非东道国国籍的外国投资者，即可提交 ICSID 仲裁裁决。根据上述《公约》的规定，法人投资者的人格不同于自然人投资者，这点差异在二者国籍的判断标准上体现得最为明显。自然人的国籍一般按照该争议国国家国籍法即可确定，国家间对于自然人的国籍冲突争议并不复杂。但是，法人的国籍判断标准则是存在很大冲突争议的，加之《公约》又没有对法人国籍标准采取何种判断模式作出规定，导致 ICSID 仲裁庭在认定法人投资者国籍的时候，具有很大的自由裁量权。

参考现行的国际投资的仲裁实践，一般认定法人国籍的标准有：成立地标准、住所地标准、法人设立人国籍标准、实际控制标准和主要营业所在地标准等。ICSID 仲裁庭在具体裁决法人投资者的国籍时，参照了国际法院对"Belgium v. SpairfW 案"[1]的判决结果，结合两种标准来认定法人投资者的国籍问题，即采用成立地标准和住所地标准综合判断以实现相对公正的裁决结果。

国家间进行 BIT 协议谈判的时候，通常会对法人投资者的概念作出界定。BIT 中最常见的对法人投资者的定义为：按照投资者母国的法律、法规在其领土内设立的法人实体。然而，《公约》对此的规定，无法区别具有东道国国籍的自然人在另一缔

---

〔1〕 See http://www.icj‐cij.org/docket/index.php? sum = 291&code = bt2&p1 = 3&p2 = 3&case = 50&k = 1a&p3 = 5，2012‐12‐27.

约国国内设立一个空壳公司来规避此种问题。只要该公司的设立在形式上符合《公约》对于另一缔约国法人投资者的定义，那么按照《公约》及 BIT 的规定其就是适格的外国投资者。

不同的 BIT 对法人投资者的定义有所区分。有的采用"实际控制标准"，这种标准排除了只在投资者母国注册法人的情形，它必须和其母国有实质的经济联系或在其母国展开具体的商业经济活动。例如，《罗马尼亚-越南 BIT》第 1 条第 1 款第 2 项规定："法人投资者是按照缔约国一方（非东道国）的法律设立的，并且其住所和实质的经济活动都位于该缔约国领土内。"基于此，在《公约》所规定的法人的内涵及现实的 ICSID 仲裁的案例中，目前对于法人投资者当事人资格的认定显然不只是上述字面意思解释得那样简单。下文中，笔者将在 ICSID 相关案例中对这一问题予以分析。

二、空壳公司

空壳公司也叫邮箱公司（readmade company），其不是一个明确的法律概念。英国、美国、加拿大存在称为"空壳公司"或"现成公司"的公司法律形式。这种"空壳公司"或"现成公司"是指由专业的咨询服务机构预先注册成立的公司，以供客户在急需注册成立公司时购买。这类公司没有任命第一任董事，也没有投资者认购股份，不会发生经营及债权债务。在国际投资的实践中，基于吸引外国投资者的目的，外国投资者较之于东道国投资者通常能享受更优惠的投资条件，东道国自然人、法人为了享受外国投资者的待遇、规避东道国法律，会在其他缔约国设立一个空壳公司，不进行实质经营活动，仅为取得外国投资者的身份，以便于回到东道国投资。对这一类投资者是否属于《公约》下法人投资者的范围，ICSID 仲裁庭的判定标准也不一致。

　　空壳公司的设立是东道国自然人为了逃避税收或规避法律，在另一缔约国设立的法人，并以此身份在东道国投资。此类公司与东道国发生争议之后，东道国通常会以该投资的公司与其母国没有实质的经济联系为由，向 ICSID 提出管辖权的抗辩。在"Tokios Tokens v. Ukrain 案"[1]中，投资者 Tokios Tokelh 作为乌克兰法人在立陶宛设立了一家公司，其中公司的主要控制人的国籍为乌克兰。该公司又在乌克兰设立了一家公司 Taki Spravy，公司的主要管理人员也是乌克兰人，其母公司 Tokios Tokens 依据《立陶宛-乌克兰 BIT》向 ICSID 申请仲裁。理由如下：在双方签订的 BIT 中，只规定了"立陶宛法人投资者指的是，在其境内按照立陶宛法律设立的法人实体"，没有对公司实质控制标准与管理标准对适格投资者的影响作出具体的规定。在此案中，ICSID 仲裁庭的大多数仲裁员均认为法人的国籍与设立或控股人的国籍没有实质的关系。但是，有一部分仲裁庭成员对此持坚决的反对观点，认为此案实质上是东道国国民对本国提起的诉讼。但是，目前 ICSID 对此的态度是根据字面的文义解释来判断，只要 BIT 没有涉及法人国籍的标准或控制人国籍对于法人国籍的具体影响问题。只要是在另一缔约国按照法律规定设立的法人实体，其实际控制人或管理人的国籍与法人的国籍便没有实质联系。这其实是 ICSID 仲裁庭变相地扩大了其管辖权。

　　类似的案情曾出现在"Rompetrol v. Romania 案"[2]中，由罗马尼亚人绝对控股和美国人在荷兰境内设立全资子公司 The Rompetrol Group N. V.（以下简称"TRG"），此公司还以 51% 的持股间接控股了罗马尼亚公司 Rompetrol SA.（以下简称"RSA"）。上述公司的设立地均为罗马尼亚。在发生了投资争端之后，罗

〔1〕　ICSID Case No. ARB /02 /18, Apr. 29, 2004.

〔2〕　ICSID Case No. ARB /02 /18, Apr. 29, 2004.

马尼亚首先向 ICSID 仲裁庭提出管辖权异议，并且提交相关证据予以证明 TRG 是一个空壳公司。其设立目的违背了《公约》的目的及 ICSID 管辖权的要求。TRG 为此辩称，其公司与荷兰有实质的经济联系，应当为适格的投资者。ICSID 仲裁庭经过调查裁决认为，对于法人投资者的认定，首先要先根据《公约》的规定，其次是根据争议双方的 BIT，尊重双方对于法人投资者的认定标准。在此案中，根据《荷兰-罗马尼亚 BIT》第 1 条第 2 款对法人投资者的定义，其只规定了住所地或设立地判断标准，故法人投资者的设立目的与其成为适格的投资者之间并不具有实质联系。在本案中，法人投资者在形式上完全符合双方 BIT 中的规定，为适格投资者。根据上述案例，对于法人的国籍与设立人或控股人的国籍是否有实质联系的问题，应当按照争端缔约国的法人国籍法或双方在 BIT 中的明确规定的标准，来判断该法人是否具有东道国国籍或其起诉时是否具有争端缔约国国籍。

三、受外国控制的东道国法人

《公约》第 25 条在对排除东道国国籍的外国投资者的规定中作出了例外规定，即受外国控制的东道国法人经过争端双方当事人的同意可以具有适格投资者的身份。从《公约》规定中我们不难看出，法人成为《公约》适格投资者的要件同样有两个：一是法人国籍，二是时间。判断法人国籍的时间要件的核心是"同意之日"这一时间点，即法人投资者在"同意之日"符合国籍要件即可。属于 ICSID 管辖范围的法人投资者包括两类：非东道国法人及与东道国达成协议的受外国控制的东道国法人。从目前的实践来看，ICSID 对于法人国籍的界定普遍采取的是成立地标准和住所地标准。但不同争端的仲裁庭对法人国籍的认定标准是有所差异的。由于《公约》并未对外国控制的标准进行明确的界定，一般股权比例、公司管理程序、表决权和决策权等因素都会影响外国控制的标准问题。故在实践中，仲裁庭对外国控制的标准的判定往往存在较大的自由裁量空间。

（一）外国投资者直接控制的东道国法人

在广泛的国际投资实践中，争议双方当事人对外国控制标准存在较大的争议。在一般情况下，东道国要求外国投资者在境内设立公司开展经营活动，故外国投资者以直接投资控股的方式来控制东道国境内法律实体。但国际投资经济活动一般受到东道国国内限制、上市融资或者避税等因素的影响，外国投资者也会采取间接控制的方式。直接受外国控制是指外国投资者通过拥有东道国法律实体的股权、投票权等方式，直接拥有对该东道国法律实体的控制权。[1]在 ICSID 实践中，仲裁庭通常判定外国控制的标准主要取决于享有"法人"股票的控制权的控股股东。如果控股股东拥有另一缔约国国籍，则该控股股东就是外国控制者。[2]在另一缔约国股东拥有东道国"法人"多数股权或投票权的情况下，其他股东无法对该"法人"的经营决策发挥决定性作用。

在"Liberian E. Timber Corp.（LETCO）v. Republic of Liberia 案"中，根据利比里亚法律设立的 Liberian E. Timber 公司（以下简称"LETCO 公司"）针对利比里亚政府违反林业开发特许权协议的行为向 ICSID 提出仲裁请求。就 LETCO 公司是否符合外国控制的标准问题，仲裁庭裁决认为法国国民拥有 LETCO 公

---

〔1〕　史晓丽、崔宇航："东道国受外国控制公司在国际投资争端解决中的法律地位"，载《天津法学》2018 年第 1 期。

〔2〕　Liberian E. Timber Corp. v. Republic of Liberia, ICSID Case No. ARB/83/2, Award of March 1986, 2 ICSID Reports 1994. 346; Kckner v. Republic of Cameroon, 2 ICSID Reports 1994. 9.

司的全部股份，并且 LETCO 公司的大部分董事和总经理均由法国人担任，法国人一直主导该公司的决策权。因此，LETCO 公司符合外国控制的情形。ICSID 对该案具有管辖权。[1]事实上，外国投资者仅对东道国"法人"拥有部分股份，难以对足以导致"外国控制"的外国持股比例划定统一和具体的界限。[2]在《公约》起草过程中，有国家提出，《公约》应该进一步界定外国控制的含义，如果某一主体拥有的利益足以阻止公司的重大变更，该项利益便构成具有控制权。[3]

与此同时，在"Vacuum Salt Products Ltd. v. Republic of Ghana 案"中，Vacuum Salt 公司因加纳政府违反盐矿经营特许和租赁协议向 ICSID 提出仲裁申请。Vacuum Salt 公司由希腊公民在加纳创设，在 Vacuum Salt 公司与加纳政府签署特许和租赁协议时，希腊公民帕纳戈普洛斯先生在 Vacuum Salt 公司持有 20%的股份，加纳政府拥有的 3 家银行各自持有 10%的股份，加纳 Appenteng Mensah & Co. 公司持有 31%的股份，余下的 19%股份分别由 4 个加纳公民持有。仲裁庭经审理后认为，希腊国民帕纳戈普洛斯先生持有 20%的股权比例对公司决策不具有决定性作用。而且从 Vacuum Salt 公司成立时起，他就在公司担任技术总监并订立了劳动合同，直至 1988 年 1 月 22 日与加纳政府签署租赁协议。基于此，综合各方面的证据来看，其并不享有 Vacuum Salt 公司的控制权，也无法对公司决策产生重大影响。因此，申请人 Vacuum Salt 公司不存在受"外国控制"的

──────────

〔1〕 Liberian Eastern Timber Corporation v. Republic of Liberia, ICSID Case No. ARB/83/2, Award of March 1986. 2 ICSID Reports 1994, 351.

〔2〕 Vacuum Salt Products Ltd. v. Republic of Ghana, ICSID Case No. ARB/92/1, February 16, 1994, Award, para. 43; 4 ICSID Reports, 346~347.

〔3〕 History of the ICSID Convention, Vol. II-1, 1968, 447.

情形，仲裁庭无权对该案行使管辖权。[1]从该案可以看出，适当和合理的外国控制是指有效控制或者具有主导地位。[2]

与此同时，在"TSA v. The Republic of Argen-tine 案"[3]中，双方的 BIT 规定，外国法人投资者除了应当符合《公约》规定的条件外，还应当与其母国具有实质的经济活动联系，且该法人必须位于缔约国境内的有效管理所在地。显然，TSA 与荷兰没有实质的经济联系是无法根据 BIT 向 ICSID 管辖权进行仲裁的。但是，根据 BIT 第 10 条第 6 款的规定，缔约双方可以同意将在东道国受外国控制的法人投资者作为另一缔约国国民来看待，从而排除《公约》对于此项管辖权的限制条件。那么，TSA 在 BIT 双方同意之后便可以被视为外国投资者。随后，ICSID 仲裁庭查明了 TSA 是否处于真正的"外国控制"之下，认为 TSA 不属于适格投资者，ICSID 对此案没有管辖权。在本案中，ICSID 仲裁庭认为在提交仲裁申请的时候，TSA 一直为东道国自然人所实际控制，这显然在形式上违背了当初双方签订 BIT 的约定。

不难发现，对"外国控制"的理解是广泛和灵活的，问题的关键在于外国投资者是否代表了合理数量的控制权。[4]实践中，ICSID 仲裁庭对"外国控制"的认定标准非常灵活，通常把法人的管理权、表决权、股权或其他任何合理情况作为认定外国控制的考量因素。对于主张受外国控制的法人而言，对于

---

〔1〕　Vacuum Salt Products Ltd. v. Republic of Ghana, ICSID Case No. ARB/92/1, February 16. 1994. Award, paras. 41. 48；4 ICSID Reports. 350. 转引自史晓丽、崔宇航："东道国受外国控制公司在国际投资争端解决中的法律地位"，载《天津法学》2018 年第 1 期。

〔2〕　Christopher Schreuer, "Commentary on the ICSID Convention", *ICSID Review-Foreign Investment Law Journal*, Volume 12, Issue 1, 1 March 1997, 119~120.

〔3〕　ICSID Case No. ARB/05/5, Dec19, 2008.

〔4〕　C. F. Amerasinghe, "Jurisdiction Ratione Personae under the Convention on the Set Dement of Investment Disputes between States and Nationals of other States, 1974~1975", Brit. Y. B. Int'l L, 227, 264~265.

外国资本的持股比例、表决权等因素，ICSID 仲裁庭在审查时应进行严格、全面的审查，[1]通过考察管理权、投票权、持股比例或其他任何合理因素，分析是否存在"外国控制"的情形。[2]在国际投资实践中，外国投资者有可能与东道国国民持有相同股份，这就更加需要进行综合分析，尤其是要重点考察公司管理权的掌控情况。就控制程度而言，只要外国人对东道国法律实体具有绝对控制权或者明显的相对控制权，就可以视为存在"外国控制"，ICSID 就可以行使管辖权。[3]

（二）受外国投资者间接控制的东道国法人

在实践中，更为重要的是对受外国间接控制的东道国法人该如何认定？《公约》第 25 条第 2 款（b）项仅表述为"外国控制"（foreign control），并未直接规定控制的标准和程度。ICSID 仲裁庭对此有不同做法。在"Société Ouest Africaine des Bétons Indus triels（SOABI）v. State of Senegal 案"中，申请人 Société Ouest Africaine des Bétons Industriels 公司（以下简称"SOABI 公司"）在塞内加尔，但由巴拿马 Flexa 公司全资控股，Flexa 公司又由比利时公民拥有。仲裁庭认为，尽管申请人的直接控制人 Flexa 公司的国籍国巴拿马不是《公约》缔约国，但是，申请人 SOABI 公司构成《公约》第 25 条第 2 款（b）项所述的"外国控制"，因为对其控股的巴拿马 Flexa 公司被《公约》缔约国比利时的国民所拥有，从而使得《公约》缔约国国民间接控制

〔1〕 Vacuum Salt Products Ltd. v. Republic of Ghana, ICSID Case No. ARB/92/1, February 16. 1994. Award, paras. 43~44；4 ICSID Reports. 346~347.

〔2〕 C. F. Amerasinghe, "Jurisdiction Ratione Personae under the Convention on the Set Dement of Investment Disputes between States and Nationals of other States, 1974~1975", Brit. Y. B. Int'l L, 227, 264~265.

〔3〕 史晓丽、崔宇航："东道国受外国控制公司在国际争端解决中的法律地位"，载《天津法学》2018 年第 1 期。

了塞内加尔的法人，因此，仲裁庭对该案具有管辖权。该案客观说明了存在受外国间接控制的东道国法人的情形。仲裁庭进一步指出，控制 SOABI 公司的巴拿马 Flexa 公司将总部设在了瑞士日内瓦，而不是巴拿马。事实上，它只是一个"方便公司"，无法对 SOABI 公司实施有效控制。而且，SOABI 公司与塞内加尔政府签署的协议规定，双方同意协议下的争端适用 ICSID 仲裁规则解决。仲裁庭认为，仅仅将《公约》所述的"外国控制"限制在直接控制范围内，与《公约》的宗旨不符。《公约》建立投资争端解决机制的目的是在东道国与外国投资者之间实现利益平衡，在满足东道国对外国投资者管理权的同时，为外国投资者提供投资争端解决方面的便利。[1]

事实上，基于对东道国或国籍国政策限制、上市融资和避税等方面的考虑，许多公司内部存在非常复杂的多层控股结构。在很大程度上，仲裁庭并不直接审理和认定间接控制分析。在"阿姆科公司诉印度尼西亚案"中，申请人分别是设在美国的阿姆科公司、印度尼西亚 P. T. 阿姆科公司和 Pan American Developmen 公司。对于申请人印度尼西亚 P. T. 阿姆科公司，印度尼西亚政府提出，其真正控制人不是美国阿姆科公司，而是一个荷兰人，他在中国香港地区注册了全资拥有的 Pan American Developmen 公司，并通过该公司对美国阿姆科公司进行控制。但是，仲裁庭认为，在对东道国法律法人的真正控制者进行分析时，只需要考虑对该法人的直接控制者，而不必考虑第二层、第三层、第四层、第五层或之后更多层面的间接控制者。[2]

---

〔1〕　Société Ouest Africaine des Bétons Industriels v. Republic of Senegal, ICSID Case No. ARB/82/1, 1994; 2 ICSID Reports. 181. 182. 184.

〔2〕　史晓里、崔宇航："东道国受外国控制公司在国际投资争端解决中的法律地位"，载《天津法学》2018 年第 1 期。

　　事实上，《公约》所规定的法人的国籍是一个传统的国际法概念，特别是对法人国籍的判断，通常根据法人成立地、公司注册地或总机构所在地认定。但如果该法人受到"外国控制"，则适用例外规定。仲裁庭在认定印度尼西亚 P. T. 阿姆科公司的最终外国控制者国籍时指出："如果存在着东道国政府在知晓外国控制者国籍后基于政治或经济原因不会同意与其在 ICSID 进行仲裁的情况，就有必要考虑外国控制人国籍。"[1]

　　与此同时，在" TSA Spectrum de Argentina S. A. v. ArgentineRepublic 案"中，仲裁庭作出了支持间接控制诉求的裁决。该案申请人阿根廷 TSA 公司由设在荷兰的 TSI 公司全资控股。阿根廷政府诉称，TSI 公司实际上由一位阿根廷公民直接或间接拥有其绝大多数股份，仲裁庭不应行使管辖权。申请人 TSA 公司也承认，TSI 由 THOP 公司控制，而该公司又由一位阿根廷公民控制。与此同时，还有一位法国公民通过信托方式拥有 THOP 公司 75%的股份。但是，TSA 公司未能向仲裁庭提供法国国民持有 THOP 公司股份的证据。最终，仲裁庭得出结论，荷兰 TSI 公司对申请人 TSA 公司没有真正的控制权，因此无权管辖该争端。仲裁庭进一步指出，如果仲裁庭在分析是否存在外国控制时需要揭开东道国法人的面纱，继而在第二个控股层面又停止揭开公司面纱而不查明外国控制者的身份，将有违《公约》的目的和宗旨。[2]

　　从上述案件中我们可以看出，ICSID 仲裁庭对东道国法人是

---

　　〔1〕 Amco Asia Corporation and others v. Republic of Indonesia, ICSID Case No. ARB/81/1, 1981; 1 ICSID Reports. 396. 该案件在 1984 年 11 月作出仲裁裁决后，部分内容被 ICSID 特别委员会撤销。1988 年，申请人再次提出仲裁请求，1990 年作出仲裁裁决，印尼政府对该裁决提出撤销请求，但未获得 ICSID 特别委员会的支持。

　　〔2〕 TSA Spectrum de Argentina S. A. v. Argentine Republic, ICSID Case No. ARB/05/5. 2008. Award, para. 147.

否受外国控制的认定标准并不统一，有时承认间接控制，有时不承认间接控制。但无论采取哪种做法，使 ICSID 获得管辖权或者扩大管辖权始终是其裁决目的之一。[1]而且，从实践情况来看，ICSID 管辖权正在不断扩大。[2]

（三）多个外国投资者的控制标准的认定

在实践中，还存在多个外国投资者对东道国法人享有共同控制权的情形。较为复杂的是，若多个股东为非缔约国国籍，那么在认定东道国法人是否受到外国控制时，是否应该排除非缔约国股东的控制因素？这在理论和实践中存在诸多争议。

有学者指出："存在多个外国股东对东道国法人的控制主要是合理控制，而非有效控制。"[3]换言之，非缔约国股东拥有的控制权大于其他缔约国股东，但是只要其他缔约国国民对东道国的法律实体拥有合理的控制，ICSID 就可以行使管辖权。但在实践中，如东道国的法人被某一外国国民控制，若其他缔约国国民的控制低于非缔约国国民，那么该情形也符合《公约》规定的受外国控制的东道国法人情形。显然，这样的判定标准不利于合理解决此类国际争端。[4]

根据《公约》的规定，法人属于《公约》第 25 条所述的"另一缔约国国民"。同时，根据上述规定，只有控制东道国法律实体的外国人具有另一缔约国国籍，才能将该东道国法律实体视为另一缔约国国民。如果控制东道国法律实体的外国人不

---

〔1〕　Christopher Schreuer, "Commentary on the ICSID Convention", *ICSID Review-Foreign Investment Law Journal*, Volume 12, Issue 1, 1 March 1997. 123.

〔2〕　Klckner v. Republic of Cameroon, ICSID Case No. ARB/81/2; 2 ICSID Reports. 16.

〔3〕　C. F. Amerasinghe, "The Jurisdiction of the International Centre for the Settlement of Investment Disputes", 19Indian L. J., 166, 219~220. 1979.

〔4〕　史晓丽、崔宇航："东道国受外国控制公司在国际投资争端解决中的法律地位"，载《天津法学》2018 年第 1 期。

具有另一缔约国国籍，就不能将该东道国法律实体视为另一缔约国国民，ICSID 也就无法行使管辖权。仲裁庭在"Sociét éOuest Africaine des Bétons Industriels（SOABI） v. State of Senegal 案"中作出的裁决就采用该观点。因为无论如何，非缔约国均不可能成为《公约》所述的"另一缔约国"。[1]

结合上述认定法人适格标准的案例我们可以看出，ICSID 仲裁庭在认定外国控制标准的时候存在很大的矛盾，例如在前述"Tokios Tokens v. Ukrain 案"或"Rompetrol v. Romania 案"中，ICSID 仲裁庭在认定法人投资者国籍的问题时，没有采用实际控股标准。对于到底采用何种标准来判断法人投资者适格的问题，ICSID 仲裁庭有着很大的自由裁量权。

---

[1] 史晓丽、崔宇航："东道国受外国控制公司在国际争端解决中的法律地位"，载《天津法学》2018 年第 1 期。

第四章

ICSID 管辖权下东道国的适格的实证分析与现实问题

    国有企业（State-owned enterprise）是大多数经济体的重要组成部分，其在能源、矿产、基础设施、其他公共事业以及一些国家的金融服务领域占据越来越重要的地位。国有企业一般是由国家控股的公司或其他组织，以发展本国的经济社会为目的。国有企业在经济社会活动中所产生的不利后果，一般归因于政府。在 ICSID 仲裁实践中，对国有企业的认定持实质审查的标准，严格遵守《公约》第 25 条对法人投资者的定义。判定某一国有企业是否属于 ICSID 所管辖的"国民"，是维护其在东道国投资权益的重要途径，特别是对于一个企业的行为是否可归因于国家的判定往往是国际投资仲裁的关键问题。当今国际社会，越来越多的国有企业投入国际投资实践，在国际投资中发挥着举足轻重的作用。面对这样的投资环境，投资者若想将争端上升至国际法层面，通过国际投资仲裁保护自身权益，国有企业身份认定是无法回避的问题。这也对"一带一路"沿线国家可能发生的国际投资仲裁实践具有积极的借鉴意义。

第一节　国有企业身份的认定与东道国适格的关系

    作为投资仲裁的依据，国际投资协定中"投资者"的界定与"投资"概念一样重要，直接决定了投资保护的范围及 ICSID 仲裁管辖权。一般而言，国际投资协定对"投资"的定义较为宽泛。为此，"投资者"的定义与识别最为关键。换言之，国有企业身份认定是其获得相应的投资保护的前提要件。但在实践中，各国在国际投资协定中对国有企业身份认定存在歧义，很大程度上取决于国际投资保护协定关于"投资者"范围的界定。如果国际投资保护协定规定了 ICSID 的争端救济方式，并同时规定"投资者"包括国家投资者，那么其就有资格向 ICSID 提起仲裁。[1] 目前各国的国际投资保护协定在处理国有企业投资者地位问题上存在不同的实践。根据经济合作与发展组织（Organization for Economic Co-operation and Developmen，OECD）的调查："近 84%的国际投资协定没有明确提及国有企业、国有投资基金和政府投资者，仅有 16%的投资协定明确规范投资者包括国有企业，主要是澳大利亚、美国和加拿大的投资协定。"[2] 显然，国际投资协定对相应的投资者的不同界定，决定了国有企业的身份识别和投资保护的实质范围。随着国家在国际投资中的深度参与，国有企业的身份认定与识别在国际投资实践中显得尤为重要。

一、国际投资仲裁实践中国有企业身份的法律意涵

对于国有企业的定义，在国际社会尚且存在一定的争议。国有企业具有区别于一般企业的特性，国有企业本身同时兼具政治和经济的双重属性，导致各国很难统一标准。尤其是各国

---

〔1〕 参见刘雪红："论国有企业私人投资者身份认定及启示——以 ICSID 仲裁申请人资格为视角"，载《上海对外经贸大学学报》2017 年第 3 期。

〔2〕 Y. Shima，"The Policy Landscape for International Investment by Government-controlled Investors：A Fact Finding Survey"，*OECD Working Papers on International Investment*，OECD Publishing，2015：5.

关于国有企业政治特征的认定，依据国家性质不同，存在明显差异。为此，有学者指出："国有企业是国家通过全部控股、多数控股或支配性少数控股方式从而显著控制的组织形态。"[1] 2004 年美国 BIT 范本将"国家企业"（state enterprise）定义为"一方通过所有者权益所有或控制的企业"；[2]2004 年加拿大 BIT 范本也作出了相同的定义。不难发现，美国和加拿大对"国有企业"的认定都强调了"所有者权益"和"所有或控制"，即强调政府控拥有股权，政府是企业的股东且政府对企业享有绝对的所有权和控制权，但该控股权是基于政府股东地位而非企业财产所有权。国有企业是国家出资的在某些特殊行业开展活动的主体，但不能仅凭国家对国有企业出资这一点就简单推定国有企业与政府存在必然联系。事实上，我国加入的多边协定和签署的中外协定均未对国有企业作出专门定义。

2015 年，OECD 发布名为《政府控制投资者国际投资的政策框架：事实调查》的国际投资工作组报告。[3]该报告对 46 个国家[4]签订的 1813 个国际投资协定（IIAs 进）行了分析，[5]旨在从"投资者"定义出发考察其是否包含"国家控制投资者"。[6]根据该报告，1524 个 IIAs 并未涉及任何"国家控制投资者"字样，占全部协定数量的 84%。[7]287 个 IIAs 明确

---

〔1〕　See Robert M. Kimmitt, "Public Footprints in Private Markets: Sovereign Wealth Funds and the World Economy", *Foreign Affairs*, 2009, 87 (1).

〔2〕　2012 U. S. Model Bilateral Investment Treaty, Article 1.

〔3〕　Y. Shima (2015), supra note 5.

〔4〕　被调查国家包括 34 个 OECD 国家、5 个 OECD 国家的主要合作伙伴（中国、印度、巴西、印度尼西亚和南非）以及拥有大量主权财富基金或国有企业的国家（包括科威特、卡特尔、沙特、阿联酋、马来西亚、俄罗斯和新加坡）。

〔5〕　该报告中的国际投资协定也包括双多边投资协定以及自由贸易区协定或经济合作伙伴协定中的投资章节。

〔6〕　此处的国家控制投资者包括国有企业、主权财富基金和国家本身。

〔7〕　Y. Shima (2015), supra note 5.

提到了国有企业，除其中 3 个明确排除国有企业外，[1]其余都明确规定国有企业是合格的投资者。这样的事实调查结果也与国际惯例相符合，即不管是东道国的国内政策还是 IIAs 中的"投资者"界定，一般均不会基于所有权性质区别对待国有企业。[2]

事实上，尽管在形式、形态和数量上存在差异，但各国几乎都拥有一定比例的国有企业，并且它们也积极参与当今的国际经济活动。[3]根据联合国贸易和发展会议（UNCTAD）的统计："目前全球至少有 550 家跨国国有企业，它们拥有 2 万亿美元的外国资产，在国外的附属公司达 15 000 家；尽管这些国有的跨国公司数量还不足全球总数的 1%，但它们却占全球对外直接投资量的 11% 以上。"[4]可见，具有公共职能和经济职能的国有企业身份认定的关键在于如何通过明确的判断标准区分国有企业的"公私"行为，进而对其经济行为予以有效规范。由于国有企业天然具有政治和经济的双重属性，因而不能对其采取"一刀切"的判断和认定。在实践中，判断国有企业的身份的通行做法是判断其活动目的是否包含政治因素，而非其投资活动性质。故在 ICSID 实践中，有关国有企业的认定存在两种不同的情形：一是国有企业作为私人投资者能否提起仲裁；二是国有企业的行为能否归因于国家。尽管在实践中，除少数明确提及国有企业的投资条约外，许多投资条约并没有诸如"无论私人或政府所有或控制"之类的明确规定，而只是规定了外国投

---

〔1〕 三个条约分别是巴拿马与英国、德国和瑞士签订的 BIT。

〔2〕 参见沈伟："国际经济活动中的国有企业身份困境——国际规则的分析"，载《华侨大学学报（哲学社会科学版）》2021 年第 4 期。

〔3〕 刘雪红："论国有企业私人投资者身份认定及启示——以 ICSID 仲裁申请人资格为视角"，载《上海对外经贸大学学报》2017 年第 3 期。

〔4〕 UNCTAD, World Investment Report 2014, Investing in the SDGs: An Action Plan (United Nations 2014), p. ix.

资者符合东道国的法律，如《荷兰-巴林 BIT》第 1 条第（2）款规定"投资者包括依照缔约一方法律构成的法人"。[1] 又如，《埃及-印度尼西亚 BIT》规定"法人指的是任何按照缔约方法律成立，并为其法律所承认的组织，比如国有企业、公共机构、发展基金、私营企业或公司实体等"。[2] 总的来说，只有少数条约明确地将国有企业包含在投资者范围内，大多数条约对国有企业投资者地位的认定都是不明确的，需要结合东道国国内法对"国有企业"进行判断。

但考虑到国有企业自身的优势以及其在国际投资活动中的深度和广度，一般投资条约都是认可国有企业投资者地位的。就国有企业的行为可归因于国家的法律问题而言，国际法委员会于 2001 通过了《国家对国际不法行为的责任条款草案》（以下简称《草案》），虽然《草案》没有法律上的直接约束力，但是被国际社会所普遍接受。[3] 为此，有学者指出，这是国际法委员会将国际社会对国家责任的承担等习惯法成文化，因此《草案》属于国际经济惯例。[4]《公约》第 42 条第（1）款规定，ICSID 仲裁庭可以适用国际法规范予以仲裁，因此《草案》可以适用于对国有企业的行为是否归因于国家的认定。目前相关的实践案例并不多。事实上，根据 ICSID 每年的案例统计，

---

〔1〕 Agreement on Promotion and Protection of Investments between the Government of the Kingdom of Bahrain and the Government of the Kingdom of the Netherlands, entered into force: December 1, 2009, Art 1 (b) (ii).

〔2〕 Agreement between the Government of the Republic of Indonesia and the Government of Arab Republic of Egypt Concerning the Promotion and Protection of Investment, entered into force: November 29, 1994, Art 1 (4).

〔3〕 陈安主编：《国际经济法学专论》（第 2 版·上编·总论），高等教育出版社 2007 年版，第 121 页。

〔4〕 ［德］鲁道夫·多尔查、［奥］克里斯托弗·朔伊尔编：《国际投资法原则》（原书第 2 版），祁欢、施进译，中国政法大学出版社 2014 年版，第 231 页。

大部分的仲裁案件都会因为管辖权问题或案件事实而被驳回。加上当前国有企业法律属性的多重性和各领域不一致的实践操作，在未来很有可能出现大量的国有企业"私人投资者"身份认定纠纷和投资仲裁救济的可获得性之争论。[1]

二、投资仲裁实践对国有企业的投资者主体的认定

ICSID 在国有企业是否属于适格的私人投资者及仲裁资格问题上，目前主要采用了商业活动检测法。该检测方法来源于 Broches 标准和国家行为归因法。"商业活动检测法"（commercial tran-saction test）是指国有企业在国际投资活动中以商业身份行事而非政府身份行事，会被认定为私人投资者并可以获得 ICSID 仲裁申请资格。但该方法在实践中主要采取"排除法"，即排除国有企业的活动是否构成国家行为。[2]

（一）国有企业认定的标准问题

Broches 标准最初是由《公约》的主要起卓者阿伦·布洛什提出的。他认为："作为另一缔约国国民的实体并非只能是私有企业，实践中许多集合了私人资本和国有资本的企业，或政府全部持股的公司在经营活动和法律特征上与普通私有企业难以区分。为明确中心对国有企业的管辖权，他提出除非国有企业投资者作为政府代理人或行使基本政府职能，国有企业应当拥有缔约国国民的资格。"[3]即如果仲裁中的申请人要想有资格提

---

〔1〕 刘雪红："论国有企业私人投资者身份认定及启示——以 ICSID 仲裁申请人资格为视角"，载《上海对外经贸大学学报》2017 年第 3 期。

〔2〕 Victor Essicn, Aron Broches, Selected Essays, *World Bank*, *ICSID*, *and Other Subjects of Public and Private International Law*, Leiden: Martinus Nijhoff Publishers, 1995: 202.

〔3〕 Victor Essicn, Aron Broches, Selected Essays, *World Bank*, *ICSID*, *and Other Subjects of Public and Private International Law*, Leiden: Martinus Nijhoff Publishers, 1995: 202.

起仲裁，只需证明其在具体的投资活动中，既没有行使基本政府职能，也没有做政府的代理人，是以市场身份而非政府身份从事商业活动的。具体而言，Broches 标准是指，除了国有企业投资者作为政府代理人或履行基本政府职能的情形外，国有企业投资者所提起的投资仲裁申请都可以被接受，[1]即仲裁申请方如果是政府代理人或履行了基本的政府职能，就会被认定是以政府身份而非商业身份行事，其所提起的投资仲裁申请就会被拒绝。Broches 标准在数个 ICSID 仲裁案中都被作为国有企业私人投资者身份和仲裁资格的判断标准，在"艾米利奥诉西班牙案"（以下简称"艾米利奥案"）与"捷克斯和洛伐克银行诉斯洛伐克案"（以下简称"COSB 案"）中的当事双方就一致同意采用 Broches 标准来判断国有企业是否为适格的仲裁申请人。[2]在"CSOB 案"中，[3]这一标准得到了 ICSID 仲裁庭的认可，并且被双方当事人所接受。由此，Broches 标准在 ICSID 仲裁中得以确立。

　　ICSID 在适用 Broches 标准时会寻求《草案》相关条款来予以判断。《草案》是国际法委员会所编纂的专门规范国家对其不法行为之责任的条约，其中很多条款更是对国际习惯法的反映，目前虽尚未生效却仍具有普遍约束力。《草案》关于国家行为归因标准的第 5 条和第 8 条也被认为是对国际习惯法的反映，[4]

---

〔1〕　Victor Essien, Aron Broches, Selected Essays, *World Bank*, *ICSID*, *and Other Subjects of Public and Private International Law*, Leiden: Martinus Nijhoff Publishers, 1995: 202.

〔2〕　Ceskoslovenska Obchodni Banka, A. S. v. The Slovak Republic, No. ARB/97/4 (decision on objection to jurisdiction), paras. 16~17.

〔3〕　COSB v. Slovak, decision on objection to jurisdiction, [hereinafter COSB Decision], para. 1.

〔4〕　Srilal M. Perera, "State Responsibility: Ascertaining the Liability of States in Foreign Investment Disputes", *Journal of World Investment and Trade*, 2005, 6 (4): 499.

在内容上与 Broches 判定标准高度相似，故而在国际投资仲裁案例中为争端当事方作为抗辩依据或为仲裁庭援用。

《草案》第 5 条、第 8 条和 Broches 标准的核心要点都在于"政府职能的行使"。《草案》第 5 条规定，"依授权而行使政府权力要素的个人或实体行为会被视为国家行为"，此点类似于 Broches 标准中的"政府代理人"；第 8 条规定"个人按照国家指示或在国家指挥、控制下之所为会被认定为国家的行为"。该点则类似于 Broches 标准中的"履行基本政府职能"。与 Broches 标准相比，《草案》在规则内容上更为明确，也更具有实践指引意义。Broches 标准认为，国有企业原则上可以作为私人投资者提起投资者-东道国仲裁但有两个例外："履行政府职能或作为政府代理人。"然而却没有进一步说明如何认定国有企业在履行政府职能或者作为政府代理人在活动时的具体标准。[1]这使得判断国有企业身份的"Broches 标准"非常模糊，具有高度的不确定性，无法为实践提供具体的指导。这一缺陷使得"COSB案"仲裁庭适用"Broches 标准"时产生了两个争议：第一，"履行政府职能"和"作为政府代理人"作为两个独立的标准，满足一项国有企业便不能成为"缔约国国民"。然而，该案仲裁庭似乎认为两项标准是结合起来使用的，需要同时满足才能否定国有企业的适格投资者身份。ICSID 仲裁庭在裁决书中指出："捷克斯洛伐克国有银行在大部分情况下都代表国家促进国际银行交易和实施国家希望支持的外国商业活动，并且该银行的国家控制要求其遵守国家的命令。"由此，ICSID 仲裁庭裁决该银行是政府的代理人，但 ICSID 仲裁庭并没有因此否定该银行不能被认定为"另一缔约国国民"，而是转向下一项"履行政府职

---

[1] 刘雪红："论国有企业私人投资者身份认定及启示——以 ICSID 仲裁申请人资格为视角"，载《上海对外经贸大学学报》2017 年第 3 期。

能"的认定。由此可见，该案仲裁庭将这两项标准的关系混为一谈，对"Broches 标准"进行了错误的适用。第二，该案仲裁庭解释"履行政府职能"这一标准时认为是国有企业行为的性质而非目的决定其是否履行了基本政府职能。这一论证也在相关国家实践中饱受质疑。首先，当国有企业陷入国际投资争端时，ICSID 仲裁庭首先要解决的是属人管辖权，国有企业与"私人投资者"的投资活动在投资性质上几乎没有差别，而是在投资的主体方面存在显著差异（一为国家所有或控制，一为私人所有或控制）。因此，单一根据行为的性质考察国有企业，实际上未对投资者的"国民"资格进行准确的把握，[1]在实践中混淆两者的界限是不恰当且容易引起更为复杂的争端的。其次，在多数情况下，国有企业的行为与决定国有企业的功能是商业还是政府职能有着必然联系，进而与区分私人和公共投资息息相关。[2]

（二）国有企业身份认定的相关案例

在"艾米利奥案"中，ICSID 仲裁庭认为，由国家所有或由政府控制的组织或法人，若其履行公共职责，则可以认定该组织或法人对外可以代表国家或政府。在"COSB 案"中，涉案的国有公司为政府所控股，且承担部分政府的公共管理职能，在形式要件上符合可以由政府承担责任的国有企业的规定，结合具体的案情，被申请人为了促进国家的经济社会发展，在国内设立了 22 个组织，这些组织通过投资或控股成立的公司来执行政府的公共职能，这些公司中就包括该案的国有公司。由西班

〔1〕 梁一新："论国有企业在 ICSID 的仲裁申请资格"，载《法学杂志》2017年第 10 期。

〔2〕 Mark Feldman, "The Standing of State-owned Entities under Investment Treaties", *Yearbook on International Investment Law& Policy 2010~2011*, 2012：630.

牙政府控股的国有公司，不仅从事商业活动，也承担了政府公共职能，因此，该案中的国有公司因其履行政府职能而可归责于西班牙政府。

在判断国有企业私人投资者身份问题上，ICSID 在实践中更倾向于贯彻 Broches 标准和《草案》中的行为实质要素，即在判定某一国有企业是否属于 ICSID 所管辖的"国民"问题时，不以股权归属、身份代表、活动目的为判断标准，而以其行为的性质作为重要的判断要素。在"COSB 案"中，COSB 因为斯洛伐克政府未能履行政府职能而向 ICSID 提起仲裁，但是 ICSID 仲裁庭认为，从《公约》对于另一缔约国国民的规定和 ICSID 仲裁庭对于另一缔约国国民的裁决的以往案例可以看出，"国民"的定义范围应该包含几乎所有的自然人及法人实体，此案中法人的实体应当当然包括私有公司和国有公司的范围。国有企业在投资过程中，如果不是代表国家或政府机构行使政府或国家的职能，不应被认定为东道国国家。即使代为行使政府职能，其本质上从事的也依然是商业利益行为，不应该视为东道国国家。在本案中，被申请人捷克斯洛伐克掌握申请人 65% 的股份且申请人自成立之初便一直行使政府职能，但是其经营行为从本质上看属于商业盈利行为，故不应该被排除在另一缔约国国民之外。对此，我们可以得出的结论是：当国有企业所从事的行为系单纯的商业行为时，其与私有公司在性质上无异，不需要区别对待。

在"博世公司诉乌克兰案"中，仲裁庭认为，尽管国立基辅大学根据乌克兰第 1496/99 号总统令与乌克兰教育法提供高等教育服务、管理其治下的国有资产行为构成行使政府权力的行为，但由于其自主订立、终止合同的行为无需政府授权，并且涉案合同也是纯商业合同，因而并未同时满足《草案》第 5

条的政府授权和行使政府职权行为的两个要件。[1]在"EDF
（Services）Limited v. Romania 案"中，仲裁申请方 EDF 公司指
控罗马尼亚政府通过其所设立的国家航空公司间接损害了它的
投资利益，ICSID 仲裁庭需要判断罗马尼亚是否要为其设立的国
家航空公司的行为负责。ICSID 仲裁庭依据《草案》第 8 条的规
定认为，罗马尼亚政府通过一系列命令和指示，利用其在航空公
司的所有权和控制权来实现政府利益，故而航空公司的行为即为
罗马尼亚的国家行为。[2]不过，由于国际投资领域具有侧重经
济和投资等私法内容的特性，在判定国有企业私人投资者身份
问题的适用过程中，仍然呈现出与反补贴、国家豁免等与公法
领域不同的特征与发展趋势。

ICSID 仲裁实践倾向于认为，出资来源在国有企业的私人身
份属性判断上并非决定性因素，真正起决定作用的是国有企业
的活动性质。在"CSOB 案"中，仲裁庭指出："所有权和控制
因素并不会构成国有企业无法成为'另一缔约国国民'的障
碍。"该案被申请方斯洛伐克共和国指称，申请方捷克斯洛伐克
商业银行是捷克的一个国家机构而非独立的商业机构，行使的
是国家职能，不能成为适格的私人投资者，ICSID 对其所提交的
诉请没有管辖权。被申请方提出的理由之一是，因为捷克以各
种方式拥有申请方 65%的股份，构成绝对控制，故申请方是一
个公共机构而非私人部门机构。但是，ICSID 仲裁庭经分析后认
为，决定一个公司是否为"另一缔约国国民"的标准并非所有
权归属，而是公司是否像政府机构那样从事活动或实质上是否
履行政府职能。在上述案例中，对国有企业的行为应结合其行

---

[1] BoshInternational, Inc. and Ltd. ForeignInvestments Enterprisev. Ukraine, ICSID
Case No. ARB/08/11, 2012, paras. 176~177.

[2] EDF（Services）Limited v. Romania, ICSID Case No. ARB/05/13, para. 200.

为的目的来加以判断。行为具有"政府职责"性是判断某一组织或国有企业的行为是否可以归责于国家或政府行为的关键之所在。

在"CDC 诉塞舌尔案"（以下简称"CDC 案"）[1]中，申请人借贷行为背后的关键目标是缓解发展中国家长期的贫穷状况，这证明 CDC 履行的是政府功能而非商业职能。而在"特尼诺案"中，电信服务提供商帕侬公司的核心目标是营利，其在年度报告中将自己描述为"非常成功且极具营利性，并在四年间将利润翻了一番"。不论是"捷克斯洛伐克银行案"中的"按照国家控制要求遵守国家的命令"，还是"CDC 案"中的"对发展中国家贫困状况的缓解"，抑或"特尼诺案"中对营利的关注，都证明了国有企业行为背后的动机在决定其是否"履行国家职能"或"作为政府代理人"时是非常重要的因素。因而，本案仅将行为性质作为判断标准的做法缺乏完整的说服力。"Broches 标准"简单描述了否定国有企业适格主体身份的两条路径，且仅给出一个大致的轮廓而未论证如何具体认定这两条路径，导致这一标准在实践中的可操作性较弱。这不利于对国有企业适格主体身份的认定：没有统一的、确定的适用途径会使得国有企业的身份在不同仲裁庭可能出现不同的认定结果，从而损害国有企业的正当程序性利益，阻碍资本的国际流动，妨碍投资者-国家仲裁制度目标的实现。因此，作为现阶段 ICSID 仲裁庭判断国有企业身份的主要标准，"Broches 标准"的适用亟须改革细化以便 ICSID 仲裁庭能够更准确地认定国有企业适格投资者的身份，从而更好地维护投资者-国家仲裁的制度价值。

---

[1] CDC Groupplc v. Republic of Seychelles, ICSID Case No. ARB/02/14.

第二节　外国政府控制的交易问题

随着"一带一路"伟大倡议的实施，我国企业海外直接投资因无法通过东道国的国家安全审查而遭遇困境。其中，"外国政府控制交易"无疑是国家安全审查的核心术语。美国财政部于 2008 年公布的《关于外国人收购、兼并和接管的条例》将其解释为："任何可能导致美国公司被外国政府或受外国政府控制或委任的人控制的交易。"〔1〕此处的"交易"特指国际投资中的并购协议。其中，"外国政府控制交易"包括"外国政府直接控制的交易"和"外国政府间接控制的交易"两个方面。然而，该条例对于何为"外国政府间接控制的交易"，以及如何确定该交易为外国政府间接控制，并没有给出一个确定的范围。

一、受政府控制投资者在投资东道国时面临的法律问题

国有企业等受政府控制投资者参与国际投资，首先要解决确立投资目标的问题。选择哪个国家作为投资东道国、选取东道国哪类产业及东道国具体的目标公司，都会最终决定投资的成败。而各个国家对外国直接投资的法律规范是外国投资者进行决策制定的参考的重要关键因素。诸如受政府控制投资者的商业独立性问题、东道国内部的歧视性待遇问题、受政府控制投资者如何在国际投资中保护自身的合法利益及平衡东道国之间的利益等问题均是受政府控制投资者在投资东道国时所面临的法律问题。

---

〔1〕 王淑梅："国际投资中'外国政府控制交易'之法律问题研究——由三一集团诉奥巴马案引发的思考"，载《法商研究》2013 年第 5 期。

（一）外国政府控制的交易的法律意涵与国际实践

1992 年美国国会通过的《埃克森-佛罗里奥修正案》第一次正式提出，如果对美国实体的收购、合并或接管由一个"被外国政府控制或代表外国政府的实体进行"，那么除非认定这个交易对美国的国家安全不会产生消极影响，否则必须对该交易进行调查。经过多年的修正，美国进行并购交易国家安全审查时对"外国政府"是否存在对美国实体实施间接控制和利用的可能性又给予了特别关注。《美国外国投资与国家安全法》更是引入了一个新的概念——"受管辖的交易"。美国财政部为此发布了《关于外国人收购、兼并和接管的条例》。该条例将"受管辖的交易"进行了细化，规定为"可能导致外国法拥有美国企业控制权的交易"。与此同时，加拿大工业部也颁布了《加拿大外国投资指南》。该指南的主要内容包括："关联企业指南""国有企业投资指南""管理程序指南"以及"收购油气股权指南"。其中，"国有企业投资指南"不仅重申了鼓励外资的目的，而且强调了国有企业在投资时必须做到净有利于加拿大，同时规定了各国国有企业在加拿大进行投资交易时所需要了解的监督审查事项。后加拿大又修改了《加拿大投资法》的议案，对国有企业与私有企业予以分别处理，将需要接受加拿大政府审批的私有企业的收购案资产价值放宽，而国有企业收购案需要接受审批的资产标准仍然维持窄口径。[1]相比较之下，俄罗斯也出台了相关措施以限制受外国控制的公司的被并购案，并且需要对并购或收购行为进行安全审查。

"外国政府控制交易"包括"外国政府直接控制的交易"和"外国政府间接控制的交易"两个方面。受政府控制的投资

---

[1] 王宏峰："加拿大投资法新规对外国国企投资产生影响"，载《中国矿业报》2013 年 1 月 13 日。

者主要包括国有企业（State-Owned Enterprises）和国有投资基金（State-Owned Investment Funds）。[1]后者主要指主权财富基金（Sovereign Wealth Funds）。政府作为企业股东或基金所有人对此类投资者具有一定的控制性。

《OECD 国有企业公司治理指引》指出:"受政府控制的企业，可以是政府作为持有企业大多数有表决权股份的最终受益所有人的企业，也可以是政府足以对其施以同等程度控制的企业。"[2]而同等程度的控制，又包括通过法律规定、公司章程、股东协议等确保政府能对企业或其占据少数席位的董事会加以控制的情形。因此，是否受政府控制并不完全取决于政府持有的股份数量的多少，而是取决于政府对该企业施加的控制性影响大小。该指引同时排除了一些不属于受政府控制的情形。例如，国家现行法律在实施过程中会对公司决策造成国家政策性影响，但这种影响一般来讲并不能被认定为政府控制，只是法律对社会经济关系的一般调解与引导。具体而言，政府通过独立资产经理人而间接持有企业少于 10%的股份，不对企业形成控制且不必然谋求企业长期利益的情形，一般也不会被认定为是受政府控制的国有企业。企业在破产、清算、改制等有限的时间段内被政府所有或控制也不会被认定为国有企业。[3]不难发现，受政府控制投资者与私人企业不同的国有属性被国际社会所接受。同时，政府对企业的所有权或控制权的形成与存在也应具备经济意义上的合理性。其主要依据是政府承担了保护

---

〔1〕　OECD, The Policy Landscape for International Investment by Government-controlled Investors. Paris: OECD, 2015: 7.

〔2〕　OECD, OECD Guidelines on Corporate Governance of State-Owned Enterprises. Paris: OECD, 2015: 14.

〔3〕　OECD, OECD Guidelines on Corporate Governance of State-Owned Enterprises. Paris: OECD, 2015: 15.

公共利益、扩大社会福祉的职责，[1]而这些职责的履行又离不开包括受政府控制投资者在内的国有经济的存在。需要国有经济弥补私有经济的弊端以提供社会公共产品。[2]提供公共产品与服务；进而克服市场失灵的弊端，进行政府宏观调控；维护国家经济、政治安全，实现国家战略目标。

（二）外资准入问题

针对外资准入问题，通常与国民待遇问题相结合考察。国民待遇"原指一个国家和地区给予外国（地区）的自然人、法人以本国（地区）自然人、法人在经济和民事方面所享有的同等待遇"。[3]从各国吸引外资的实践来看，国民待遇在外国投资领域主要体现在"准入"和"营运"两个阶段，[4]前者即为准入前国民待遇，后者则为准入后国民待遇。后者指的就是当外国投资者及其投资进入投资东道国后，享有不低于东道国投资者及其投资的待遇。自 20 世纪 50 年代，发达国家更加提倡准入前国民待遇的国际法承诺，这给投资东道国造成了更大的影响。[5]任何国家在给予外国投资者及其投资准入前国民待遇的同时，都会同时列出一份允许外资准入领域的正面清单或者限制外资准入领域的负面清单，清单开放或限制领域的多少及程度由东道国的市场开放程度决定。

---

〔1〕 OECD，OECD Guidelines on Corporate Governance of State-Owned Enterprises. Paris：OECD，2015：17.

〔2〕 Sornaraj，*The International Law on Foreign Investment*，Cambridge：Cambridge University Press，2004：69.

〔3〕 胡加祥："国际投资准入前国民待遇法律问题探析——兼论上海自贸区负面清单"，载《上海交通大学学报（哲学社会科学版）》2014 年第 1 期。

〔4〕 Trachtman，"Towards Open Recognition? -Standardization and Regional Integration under Article XXIV of GATT"，*Journal of International Economic Law*，2003，2.

〔5〕 此类国际规范包括：OECD Multilateral Agreement on Investment Draft（1998），World Bank Guidelines on the Treatment of Foreign Direct Investment（2002）.

1. 受政府控制投资者与私人投资者的区分问题

在大多数情况下，外国受政府控制投资者和外国私人投资者都会在投资东道国法律框架下、以同样的方式被对待。[1]大部分国家均认可所有权中立原则（ownership neutrality）。尽管国际社会对受政府控制的投资者问题长期争论不休，但受政府控制投资者已在投资东道国外来投资中扮演重要角色。亚当·斯密的自由主义经济理论催生了"政府宏观调控"的诞生。基于私有企业在市场经济中难以克服的盲目性与自发性弊端，国有企业应运而生。

在世界范围内，一国的能源部门、基础设施部分及公共产品供给部分等关系到国计民生的领域里诞生了大量的国有企业。虽然 20 世纪八九十年代，多国经济因为市场成熟度的提高和私有企业的兴起而经历了私有化浪潮，但是国有企业等受政府控制者仍然在各国经济的重要甚至核心领域占据重要位置。国有企业在纠正市场失灵、提供公共福利性产品、发展市场因素不足以吸引私人投资者的领域等方面发挥着重要作用，许多国家甚至会在需要且自然而然会形成垄断的行业维持国有企业的存在，诸如需要连锁供应网络来提供商品与服务的领域（电力或油气供应，铁路等）。[2]然而，在实践中，受外国控制的投资者和私人投资者通常被区别对待，主要原因在于前者通常被质疑政政治目的大于商业动机。事实上，受外国控制的投资者背靠政府支持一般比私人投资者具有天然的优势地位。因而，在外资准入方面，东道国在投资领域或部门中对受政府控制者作出

---

〔1〕　OECD, The Policy Landscape for International Investment by Government-controlled Investors, Paris: OECD, 2015.

〔2〕　OECD, State-Owned Enterprises: Trade Effects and Policy Implications, Paris: OECD, 2013: 12.

了区别于私人投资者的待遇规定。[1]

2. 投资领域或部门限制问题

有些投资东道国存在特别适用于受政府控制投资者的国内法。[2]主要表现就是限制受政府控制投资者准入的投资领域或部门。在同意遵守 OECD《国际投资与跨国公司宣言》的 46 个国家，即 34 个 OECD 会员国和 12 个非会员国中，有 7 个国家——澳大利亚、冰岛、以色列、墨西哥、西班牙、哥斯达黎加和土耳其——向 OECD 报告了其国内政策中对受外国政府控制投资者进行投资的特殊限制。[3]这些国家有的是对《OECD国际资本流动准则》（以下简称《准则》）提出了保留，[4]有的是在《OECD 国民待遇原则》（以下简称"NTI"）的透明度清单中通报了相关例外及措施。[5]

澳大利亚对《准则》中涉及外国政府或其代理机构直接投资的资本自由流动提议提出了保留。[6]哥斯达黎加在其 NTI 透明度清单中通报，采矿或矿石勘探的特许权可能不会授予外国政府或其代表。[7]冰岛在《准则》中提出保留的同时，[8]也

---

〔1〕 参见宋瑞琛："美国外资安全审查制度的新动向与国际投资保护主义"，载《当代经济管理》2020 年第 11 期。

〔2〕 OECD, The Policy Landscape for International Investment by Government-controlled Investors, Paris: OECD, 2015: 8.

〔3〕 http://www.oecd.org/daf/inv/investment-policy/oecddeclarationanddecisions.htm, 2022-7-10.

〔4〕 http://www.oecd.org/daf/inv/investment-policy/codes.htm, 2022-7-10.

〔5〕 http://www.oecd.org/daf/inv/investment-policy/nationaltreatmentinstrument.htm, 2022-7-10.

〔6〕 OECD, OECD Code of Liberalisation of Capital Movements, Paris: OECD, 2013: 41.

〔7〕 OECD, National Treatment for Foreign-Controlled Enterprises: List of Measures Reported for Transparency. Paris: OECD, 2014: 25.

〔8〕 OECD, OECD Code of Liberalisation of Capital Movements, Paris: OECD, 2013: 84.

在 NTI 中通报：冰岛禁止"外国政府或国有企业的投资，除非得到了授权"。[1]以色列也采取这两种方式宣布，在有线广播领域，特许执照可能不会授予由外国政府持有股份的申请人，除非申请人间接持有企业最多 10% 的股权，且通信部对这样的申请人进行了授权。[2]墨西哥在《准则》下作出了保留，限制外国政府和国有企业在一些特定行业中的直接投资，例如通信或交通行业。[3]西班牙也在《准则》下保留了对非欧盟成员国的政府、官方组织和公共企业进行投资的限制权利。[4]土耳其则在 NTI 透明度清单中报告，任何致力于或代表外国政府经济或受益性利益的自然人或法人，在不具备内阁会议授权的情况下，都不得享有土耳其石油权利或进行任何与石油相关的商业活动。[5]不难发现，在石油、通信及基础设施等关系国计民生的领域，大部分国家对受外国控制的投资者的准入采取十分审慎的态度。少部分国家（如冰岛），对受外国控制的投资者具有高度的政治敏感度，在国内投资领对此实施全面限制。换言之，这种高度敏感的态度在一定程度上反映出了各国对受外国政府控制的投资者的"歧视"待遇。另外，澳大利亚采用的"政府代理机构"、哥斯达黎加采用的"政府代表"等模糊概念，看似不直接包含国有企业等受政府控制投资者，但在概念运用过程中，这

---

〔1〕　OECD, National Treatment for Foreign-Controlled Enterprises: including adhering Country Exceptions to National Treatment, Paris: OECD, 2013: 49.

〔2〕　OECD, OECD Code of Liberalisation of Capital Movements. Paris: OECD, 2013: 88. OECD, National Treatment for Foreign - Controlled Enterprises: including adhering Country Exceptions to National Treatment, Paris: OECD, 2013: 52.

〔3〕　OECD, OECD Code of Liberalisation of Capital Movements, Paris: OECD, 2013: 99.

〔4〕　OECD, OECD Code of Liberalisation of Capital Movements, Paris: OECD, 2013: 116.

〔5〕　OECD, National Treatment for Foreign-Controlled Enterprises: List of Measures Reported for Transparency, Paris: OECD, 2014: 98.

些国家经常因为国有企业等受政府控制投资者的国有属性及可能承担的公共服务职能而将其认定为政府代理机构或政府代表，而有选择性地忽视了其商业独立性，进而严重影响了其享有正当的投资者地位及权利。

二、"外国政府控制的交易"与国有企业的关联性分析

IIAs 通常在"投资者"定义中要求，[1]法人符合下列某个或若干条件即属于适格的投资者。其一，注册地要求，即该公司是在其母国法律机制下建立或注册的；其二，主营业地要求，即公司位置、管理机构所在地或实际经营地在其母国范围内；其三，控制要求，即公司由其母国的国民所控制。这些要求都力图建立法人和其母国之间的某种联系，进而使法人享有母国与东道国 IIAs 的投资者地位。[2]

一般而言，受政府控制投资者中的国有企业都是依其母国法律规范成立的法人，由投资者母国政府所控制，并以其母国为主要的经营管理地点。综上，受政府控制的投资者应当符合 IIAs 对投资者的定义。

目前，受政府控制的外国投资者日渐活跃。在国际投资实践中，受制于受政府控制的投资者自身的特性，各国开始普遍关注这类投资者。IIAs 也开始进一步反思确有必要将该类投资者纳入"投资者"的范围。基于此，识别与认定受政府控制投资者是国际投资实践特别是确定 ICSID 管辖权的关键问题。

事实上，国际投资中的私人投资者（或私人资本控股的企

---

〔1〕 OECD, Foreign Government-Controlled Investors and Recipient Country Investment Policies: a Scoping Paper, Paris: OECD, 2009: 19.

〔2〕 Feldman, "The Standing of State-Owned Entities under Investment Treaties", *Yearbook on International Law & Policy 2010~2011*, 2012: 631.

业和企业集团）输出与公有资本（或公有资本控股的企业和企业集团）输出、政府贷款和国际金融组织贷款的股本结构虽然有所区分，但二者在经济活动中较难区分。[1]就参与商业活动活动的目的而言，基于战略性能源和利益的综合考量，国有企业尚分布在某些行业和资本市场，特别是在公用和基础设施行业。以美国为例，虽然国有企业的数量在逐步下降，但是企业规模却在不断增长。截至目前，美国大约有 50 家国有企业，主要集中在能源、国防等重要领域，这些企业的出资人机构模式都是政府部门直接出资型，归美国财政部等指定部门管理。[2]相比之下，中国国有企业的数量庞大且涉及行业面广。实际上，国有企业的改革已经经历了从表层的"放权让利""利改税""拨改贷"等改革到深层次的"承包制"和"股份制"所有权改革。并且，随着现代企业制度的建立，国有企业已成为自主经营、自负盈亏的法人实体和市场主体，政府与国有企业的关系发生了根本性的转变。[3]

三、"外国政府控制的交易"与国家安全的关系认定

国家安全是一个不断演化发展的概念，其所涵盖的范围难以用精确的概念予以界定。第二次世界大战后，一般意义上，国家安全被视为国际政治的概念，其主要表现为据军事安全，主要指的是"一国免受各种干扰、侵蚀、威胁和颠覆的状态和

---

〔1〕 王淑敏："国际投资中'外国政府控制交易'之法律问题研究——由三一集团诉奥巴马引发的思考"，载《法商研究》2013 年第 5 期。

〔2〕 参见汪时锋："中美探讨国家安全审查 中方呼吁美方提高透明度"，载《第一财经日报》2012 年 12 月 7 日。

〔3〕 参见王淑敏："国际投资中'外国政府控制交易'之法律问题研究——由三一集团诉奥巴马案引发的思考"，载《法商研究》2013 年第 3 期。

能力"。〔1〕地方化和全球化的发展，国家安全的外延逐渐扩大，从传统的领土核心利益领域外溢到经济、生态、信息技术等可能对国家安全产生重大影响的领域。其中，经济利益是基础，是国家赖以生存的物质基础，故经济安全对国家安全的影响日益突出。特别是在经济全球化的今天，经济利益在国家利益中的地位逐渐上升，国家安全的内涵也发展出了新的内涵，非传统安全问题进入国家安全的视野，经济安全问题成为国家安全面临的主要威胁之一，特别经济安全问题所引发的非传统安全问题。

国家安全例外现在已经被许多条约所接受。例如，1994年的《关税及贸易总协定》第21条、WTO的《服务贸易总协定》（GATS）第14条均规定有"安全例外"条款。在BIT实践中，美国等国缔结的BIT采用"根本安全利益"的表述，德国BIT则采用"公共安全"的表述，还有的采用"国际和平与安全"等措辞。中国与秘鲁于2009年签订的自由贸易协定中的投资规则采用"根本安全利益"的表述，中国与东盟的2009年投资协定〔2〕中的安全例外则采用《服务贸易总协定》（GATS）第14条的表述。之所以强调这一点，不仅是基于东道国的准入监管，而且是基于投资者行为是否具有法律上的可责性——行为人必须具有适格的责任能力。在审查所谓的"外国政府控制的交易"时，需要评估外资并购在多大程度上依据独立的商业判断而实施，此种判断是否独立于投资者母国政府，公司治理是否保持独立、透明和公开以及这起并购对东道国国家安全产生的影响等。探寻"外国政府控制的交易"与国家安全损害

---

〔1〕 李文良：《国家安全管理学》，吉林大学出版社2014年版，第2页。
〔2〕 余劲松："国际投资条约仲裁中投资者与东道国权益保护平衡问题研究"，载《中国法学》2011年第2期。

之间是否存在因果关系的问题，可以采取法律因果关系理论。所谓法律因果关系理论，其实是事实上的因果关系与法律上的因果关系的二元区分理论。[1]

事实上的因果关系中的原因与结果之间属于客观存在的联系，与法律规定并无关联；而法律上的因果关系是对事实上的因果关系的升华，是一种规范性判断。[2]投资准入的法律规制所产生的事实因果关系只是限于预测而非事实或结果。然而在实践中，针对"外国政府控制的交易"与国家安全因果关系的推定被诸多人为因素介入和干扰。由此可见，在国际投资实践中针对中国公司的不利推定实则是无稽之谈，毫无法律上的因果关系，这仅仅是一种来自资本主义国家宣称的"政府控制"。事实上，当面临经济危机或其他影响国家安全利益的情形时，东道国可否根据情势自行判断并采取应对措施？在近些年的仲裁实践中，ICSID 仲裁庭将 BIT 中的国家安全例外条款分为两类：自行判断条款和非自行判断条款。有些国际仲裁案例认为，只要 BIT 中的例外条款没有"其认为必要的（it consider necessary）"这一文字表述，就属于非自行判断条款，从而应由 ICSID 仲裁庭来审查判断缔约国的措施是否必要。实践中，ICSID 仲裁庭的这种分类标准在很大程度上具有自由裁量权，但也需要遵循善意审查原则及识别缔约国基本安全利益的原则。但根据国际法，国家必须善意履行条约义务。因此，尽管缔约国可以根据其自己的判断采取必要措施以维护国家安全，但这些措施也必须是善意的。在实践中，以美国为首的发达国家却对受外国

---

〔1〕　〔美〕H. L. A. 哈特、托尼·奥诺尔：《法律中的因果关系》（第 2 版），张绍谦、孙战国译，中国政法大学出版社 2005 年版，第 294 页。

〔2〕　王淑敏："国际投资中'外国政府控制的交易'之法律问题研究——由三一集团诉奥巴马案引发的思考"，载《法商研究》2013 年第 5 期。

控制的投资者带有政治偏见和"有色眼镜"。

2012 年著名的"'三一集团'诉奥巴马案"[1]。2012 年 9 月 28 日,美国时任总统奥巴马以涉嫌威胁国家安全为由,签署总统令叫停三一集团关联公司美国罗尔斯公司(Ralls)在俄勒冈州投资的风电项目。随后,三一集团向美国哥伦比亚地方法院递交诉状,认为奥巴马此举违宪,并将奥巴马和美国外资委员会(CFIUS)列为共同被告。目前,国际投资的两种主要的方式分别为:绿地投资和跨境并购。对于外国政府控制交易问题仍存在较大的冲突争议。对于被指控的企业是否直接或间接地构成政府的控制交易,是 ICSID 管辖投资争端的投资者适格问题之关键。倘若投资相关企业所为的是外国政府所控制下的交易,那么外国投资者的行为便属于国家行为,外国控制交易下的国际投资就是两个缔约国之间的博弈,相应地则被排除于《公约》的管辖权以外。在"'三一集团'诉奥巴马案"中,美国国家安全委员会认为罗尔斯公司是由中国政府间接控制的。然而,罗尔斯公司和"三一集团"均是民营企业,其大部分股票均由雇员持有。虽然"三一集团"的案件没有被提交 ICSID 裁决,但是结合对上述内容的论述,"三一集团"显然属于争端的适格外国投资主体,而非代表国家行为。[2]

对此,审查外国政府控制交易的行为,需要依据法人所从事活动的性质进行判断分析,如其所为是否为纯获利益的商业行为、公司的运行是否独立且透明公开等。若符合上述条件,那么涉案的法人实体就是独立于投资者母国的纯私人投资主体。

---

〔1〕 参见黄锐:"三一诉奥巴马在美首次开庭 律师称和解最理想",载《新京报》2012 年 11 月 30 日。

〔2〕 王淑敏:"国际投资中'外国政府控制的交易'之法律问题研究——由三一集团诉诉奥巴马案引发的思考",载《法商研究》2013 年第 5 期。

第五章

解决 ICSID 管辖权下认定外国投资者及东道国适格问题的对策

　　引发国际投资仲裁庭管辖权问题的重要成因在于国际法与国内法的交错以及不同国际投资条约的争端解决条款之间存有差异，以至于给当事人提供了解决争端的多个选项。争端解决条款通常是双边投资条约中的必备条款，其对缔约国或其投资者选择妥当方案解决投资争端具有重要作用。从争端解决条款的设置来看，体现了国际争端解决程序与当地救济并存、仲裁与司法程序并存等各类情形，在一定程度上应当归因于解决国际投资争端的仲裁机构数量渐增且各自不断扩张其管辖权。基于此，解决 ICSID 管辖权下外国投资者与东道国适格问题需要立足于 ICSID 管辖权条款，以国际法与国内法互动的方式，消解国际投资实践中的冲突与矛盾。[1]

第一节　改革 ICSID 管辖权的相关建议

　　ICSID 作为国际投资争端常设机构在过去的几十年里备受关注，与 WTO 机制相比较，ICSID 仲裁的天秤更倾向于投资者。

---

〔1〕　连俊雅："国际投资争端解决机制改革中的调解及中国因应"，载《北方法学》2022 年第 3 期。

发展中国家被诉的几率远高于发达国家。[1]事实上，在 ICSID 仲裁实践中，仲裁员、调解员大多来自发达国家，这样导致了发展中国家在 ICSID 的高被诉率中愈加被动的局面。面对纷繁复杂的国际投资实践，适格主体认定问题也使得 ICSID 在实践中的困境凸显。基于此，解决 ICSID 管辖基础性问题对于更好地解决国际投资争议和平衡东道国与投资者之间的利益具有重要意义。[2]

一、ICSID 管辖权的扩大与国际投资仲裁的发展方向

从 ICSID 的仲裁实践来看，不管是争端双方适格问题，还是投资争议问题，抑或是当事方同意的判定，ICSID 仲裁庭不断地通过条约解释来确立其管辖权的边界。例如，在"柯劳克勒诉喀麦隆案"中，ICSID 仲裁庭对未订有 ICSID 仲裁条款的管辖协议引起的争议行使了管辖权；在"MINE 诉几内亚案"中，ICSID 仲裁庭对非缔约国列支敦士登的法人行使了管辖权；在"SPP（ME）诉埃及案"中，仲裁庭对颇有争议的埃及 1974 年第 43 号法律第 8 条作了肯定性解释，认为该法表明埃及同意通过 ICSID 仲裁解决其投资争议；在"阿姆科公司诉印度尼西亚案"中，ICSID 仲裁庭认为提起仲裁的权利可随股权转让而转移，并对仲裁协议未曾提及的外国法人行使了管辖权；等等。[3]

迈克尔·塔普曼曾撰文指出：通常，尽管仲裁协议含糊不清，但 ICSID 仲裁庭在决定中心对争端是否享有管辖权的问题

---

〔1〕 刘笋：《国际投资保护的国际法制若干重要法律问题研究》，法律出版社 2002 年版，第 65 页。

〔2〕 刘笋：《国际投资保护的国际法制若干重要法律问题研究》，法律出版社 2002 年版，第 66 页。

〔3〕 李万强："ICSID 管辖权行使的法律实践与中国的对策"，载陈安主编：《国际经济法论丛》（第 3 卷），法律出版社 2000 年版，第 227 页。

上，却表示出了一致的倾向。[1]相较于形式主义，ICSID 更注重现实发生的外国投资经济活动。如考虑当地公司是否是真实的且作为外国投资而设立的现实以及外国公司是否被东道国控制及被控制的情况。基于此，ICSID 穿透纷繁复杂的国际投资关系将其管辖权进一步扩大。但依据《公约》设立的宗旨，ICSID 的管辖权是有限的而且应当是严格解释的。否则，《公约》就不会以"同意"作为管辖权的前提要件，自然也不会对 ICSID 管辖权的"受案范围""属人管辖条件""属物管辖条件"等作出详尽的规定。相反，东道国对 ICSID 管辖权的扩大持否定态度，事实上，东道国一直强调 ICSID 对涉及国家安全、行使政府职能及征收的合法性争议等涉及政治争议的问题不享有管辖权。因此，ICSID 仲裁庭对管辖权作扩大化的解释是不符合《公约》设立目的与宗旨的，因为此种做法在许多情况下无疑是在实践中确立了一种 ICSID 的强制管辖制度。[2]

从 ICSID 仲裁的法律适用实践来看，ICSID 仲裁庭深受发达国家影响，不仅在实践中利用自由裁量权扩大管辖权，还在东道国国内法与国际法的冲突适用中，倾向于强调国际法的优先性。例如，在"AGIP 公司诉刚果案"中，[3]ICSID 仲裁庭虽然没有直接对 AGIP 公司表示赞成或反对，但实际上的裁决表明，ICSID 仲裁庭是支持公司关于适用国际法纠正刚果国内法的主张的，因为裁决表达的意向显然表明，适用国际法就是对刚果国有化法令进行审查，进而证明国有化法令不符合国际法。因此，在该案中，

---

〔1〕　迈克尔·普曼塔："解决投资争议国际中心管辖权案例研究"，载《国际法与比较法季刊》第 35 卷。

〔2〕　刘笋：《国际投资保护的国际法法制若干重要法律问题研究》，法律出版社 2002 年版，第 270 页。

〔3〕　刘笋：《国际投资保护的国际法法制若干重要法律问题研究》，法律出版社 2002 年版，第 270 页。

ICSID 仲裁庭在适用国际法补充刚果国内法时，实质上作出了对法律的审查，这恰恰是不正当地处理了国际法与国内法的关系，[1]也违背了《公约》本身的意图，因为《公约》本身是基于自愿原则提起的仲裁申请，而非对国际法与国内法适用作出解释。

经济全球化促使各国纷纷开展外资法改革，在进一步扩大外资准入自由、提高投资待遇和加强投资保护的同时也在积极引进更加灵活的争议解决机制。ICSID 机制在国际社会普遍受到重视。不管是双边投资条约还是多边投资条约都倾向于选择 ICSID 作为争端解决条款，客观上也加剧了 ICSID 管辖权的进一步扩大。最后，全球投资自由化的迅猛发展，势必要求全球投资环境的进一步改善，这种投资环境的改善已经不再局限于投资的某个环节或某个方面，投资争议的迅速、高效和合理解决已经成为全球投资自由化进一步发展不可或缺的条件。[2]现今，ICSID 机制已经成为国际社会所普遍接受的争端解决方式之一。其在实践中为保护投资者利益，促进国际投资的正向流动发挥了积极作用。

二、规范 ICSID 仲裁庭条约解释权限

ICSID 仲裁庭的价值选择和仲裁员的利益考量对管辖权问题有着重要影响，为避免 ICSID 仲裁庭对管辖权作出不当决定，《条约》的缔约国可以在各方同意的前提下，共同作出明确的条约解释以防止 ICSID 仲裁庭在适用 BIT 时作出不同于缔约国本意的解释。例如，可以在缔约时规定："缔约国对条约具体条款作

---

〔1〕 姚梅镇主编：《国际投资法成案研究》，武汉大学出版社 1989 年版，第170 页。

〔2〕 刘笋：《国际投资保护的国际法制若干重要法律问题研究》，法律出版社2002 年版，第273 页。

出的联合解释决定对仲裁庭具有约束力，仲裁庭作出的任何决定或裁决均应当与该联合解释决定相一致。"[1]就该解释的效力而言，虽然可以事前约定其对 ICSID 仲裁庭的拘束力，但也要区分嗣后解释对 ICSID 仲裁效力的影响。[2]除了作出联合解释，缔约国还可以通过重新谈判或者修改 BIT 以减少仲裁庭条约解释的不确定性和属事管辖权争议。然而，对 BIT 的修改或者重新谈判不可能一蹴而就，国际投资条约数量之多、缔约国数量之多，复杂交错的法律选择都使得这一方案任重而道远。[3]

对于保护伞条款的适用与解释也是导致东道国被诉的主要诱因，在实践中应在 BIT 中区分条约之诉和合同之诉，以防止滥诉。而最惠国条款的适用也需要根据条约进行个案分析，其核心在于缔约国根据本国立场来选择和界定最惠国该条款的适用范围。但目前来讲，大部分最惠国条款并不适用于争端解决程序。ICSID 机制的飞速发展使得其管辖权的边界不断扩张，为此在国际社会也饱受争议，甚至出现了诸多退出 ICSID 机制的声音。但当事方适格问题可以通过缔约国约定得以解决，在实践中可以以此为突破口对 ICSID 机制进行改革。但是，以属事管辖权相关法律问题为例，缔约国是有能力解决的，有关问题也并非仅仅是由投资仲裁机制导致的。

最后，研究国际投资仲裁实践中管辖权争议的法律问题，并不需要刻意强调对投资者或者东道国某一方的利益保护，而应该强调可持续发展国际争端解决机制应当具有利益平衡的特

---

〔1〕 徐树："国际投资者仲裁管辖权扩张的路径、成因以及应对"，载《清华法学》2017 年第 3 期。

〔2〕 徐树："国际投资者仲裁庭管辖权扩张的路径、成因及应对"，载《清华法学》2017 年第 3 期。

〔3〕 蔡凌丽："论国际投资仲裁属事管辖权争议——以涉华案例为中心"，载《法律适用》2021 年第 4 期。

征。自"一带一路"伟大倡议实施以来，我国海外投资的实践表明，中国原则上已经接受了 ICSID 为主的仲裁机制。同时，中国作为双向投资大国，更应该强调该机制本身的公平合理性。这也有利于中国在该领域发挥更大的影响力，推动构建更加完善、可持续发展的国际争端解决机制。[1]

三、平衡东道国与投资者之间的利益关系

在投资者-国家仲裁实践中出现的适格投资者认定问题反过来又必然影响着投资者-东道国仲裁。适格投资者认定中的问题可能会打破投资者-东道国仲裁制度所致力维护的投资者利益与东道国主权之间的平衡，而这也是整个国际投资法的核心价值之所在。

涉及投资者与东道国利益的平衡的问题主要涉及：首先，复杂的投资关系决定了投资者国籍的复杂性，特别是东道国本土投资者可以利用条约改变国籍以享有外国投资者利益。换言之，这导致了东道国投资利益的失衡，违背了 ICSID 设立的目的，客观上加剧了投资者与东道国之间的矛盾与冲突。其次，鉴于国有企业的身份认定问题，在某种程度上，国有企业兼具政治和经济双重属性。在实践中，东道国在审查外来投资者时普遍顾虑国有企业的政治敏感性，对东道国国家安全利益造成不可逆的威胁。而 ICSID 倾向于为保护投资者利益而扩张其管辖权以对抗东道国国内法，实则损害东道国主权利益，甚至会引发国际仲裁的信任危机。[2]最后，承认股东的间接求偿权更是股东

---

〔1〕 蔡凌丽："论国际投资仲裁属事管辖权争议——以涉华案例为中心"，载《法律适用》2021 年第 4 期。

〔2〕 余劲松："国际投资条约仲裁中投资者与东道国权益保护平衡问题演技"，载《中国法学》2011 年第 2 期。

投资者与东道国之间的利益衡量，若承认股东行使间接求偿权的主体资格则无疑是对东道国国内政策的挑战，若否定股东的资格又会造成国际投资法在股东和公司权益保护方面的缺位。

就目前仲裁庭对适格投资者认定问题的解读而言，无论对投资者的国籍、国有企业的身份还是对股东的间接求偿权问题采取何种态度，其结果都会导致投资者-东道国仲裁的偏向投资者或东道国一方。但随着国际投资的发展，各国尤其是发达国家逐渐意识到对东道国权益的保护同样重要甚至是国际投资体系长久发展的基础，因而如今的国际投资法体系更加注重投资者与东道国之间的利益平衡。[1] 投资者-国家仲裁是国际投资法体系的一部分，因此适格投资者认定中所存在的问题亟须得到解决，以恢复投资者与东道国之间利益的平衡，保持投资者-国家仲裁的稳定性与完整性，维护国际投资法体系的长远发展。[2]

认定投资者适格性时存在的问题同样增加了 ICSID 仲裁庭属人管辖权的不确定性。而实践中不同的认定方式会使得投资者对仲裁庭的属人管辖权难以进行预测。例如，就国有企业的身份而言，由于仲裁庭适用"Broches 标准"的不同路径，会严重降低外国投资者的积极性，从长远来看，也不利于国际投资法制的稳定性与确定性。并且，ICSID 仲裁庭在实践中也无法统一问题的答案，不同仲裁庭甚至会得出截然相反的观点，这种不确定性一方面会减损国际投资法制的威信，另一方面也在某种程度上为投资者提供了某些便利。毫无疑问，承认股东间接求偿权带来的最大挑战是引发平行仲裁程序。一般而言，投资

---

〔1〕　余劲松、唐晓宁："论投资者与东道国间争端解决机制及其影响"，载《中国法学》2005 年第 5 期。

〔2〕　余劲松："国际投资条约仲裁中投资者与东道国权益保护平衡问题研究"，载《中国法学》2011 年第 2 期。

者-东道国仲裁程序有两种表现形式：一是国内与国际救济程序并行；二是多种国际救济程序并行。[1]股东派生仲裁带来的平行程序主要是第二种，即由多个股东皆具有提起国际救济程序的资格造成的多个仲裁并行的现象。

第二节　对外国投资者适格问题的建议

虽然法人的国籍是相对稳定的，但是随着科技创新和各国市场准入门槛的降低，法人可以通过调整公司结构或者设立一个分支机构来迅速变更国籍，以谋求"外国投资者身份"。这便于投资者为了获得投资的国际保护而改变国籍，通过藏身于空壳公司之下或者调整投资结构来选择他们想要的投资条约。在近年来的仲裁中，ICSID 仲裁庭更有为了扩大其管辖权而对投资者的认定采用极为广泛的标准的倾向。ICSID 仲裁庭在间接控制标准和揭开公司面纱时存在的问题主要体现为《公约》第 25 条第 2 款的适用和《公约》目的在间接控制和揭开公司面纱中的作用两个方面。因此，正确地适用《公约》第 25 条第 2 款和《公约》的目的在间接控制和揭开公司面纱中的作用：一方面，能够给予投资者以国际保护；另一方面，能够有效防止滥用投资协定和投资的国际保护。

一、明晰投资者国籍的适用规则

对自然人双重国籍的处理。根据《公约》，另一缔约国国民包括"具有作为争端一方的缔约国国籍的任何'自然人'"。ICSID 的裁决中对此问题的解读是一致的。例如，上述论述的案

---

[1]　朱明新："国际投资仲裁平行程序的根源、风险以及预防——以国际投资协定相关条款为中心"，载《当代法学》2012 年第 2 期。

例当中的"Soufraki v. The United Arab Emirates（UAE）案"。对于受质疑的当事人国籍的判定，ICSID 仲裁庭享有解释和调查的权利。其中，对于同时具有非东道国及东道国国籍的投资者的双重国籍的判定标准不一致。裁决的准则是根据《公约》第 25 条第 2 款第 1 项的规定及国际仲裁中的司法实践。对于判断外国投资者的国籍问题，争议双方当事人应当在 BIT 中对于自然人的国籍标准作出具体、明确的规定。

对于法人双重国籍的处理，如果法人具有双重国籍，从上述"Champion Trading Co. et al v. Egypt 案"可以看出。ICSID 仲裁庭在对法人双重国籍的裁决案件中存在很大的争议。本书认为，在国际投资过程中，法人投资者和东道国应当本着国际投资的基本原则及 ICSID 的宗旨和目的，在协议中商定法人适格投资者具体、明确的定义。

真实联系（genuine link）原则是国际法院在 1955 年"列支敦士登诉危地马拉案"[1]中建立的解决自然人多重国籍争议的重要原则。该案源于列支敦士登就其国民诺特波向危地马拉提出的外交保护请求。该案是德国公民在危地马拉开展经营活动，后因二战而改变为列支敦士登国籍。但其返回危地马拉时，仍被认定为德国国籍，后因德国战败而被押送至美国。列支敦士登以此为由向该公民主张外交保护，但国际法院在审理该案件时指出"以国籍为由提出外交保护时，需要考虑自然人与国家之间的真实联系"。[2]而诺特波与其列支敦士登之间并无"实质的联系"，因此列支敦士登不能对诺特波采取外交保护。虽然这一案件的判决结果在国际社会引起了广泛争议，被视为对

〔1〕　Nottebohm Case（Liechtenstein v. Guatemala），ICJ，April，1955.

〔2〕　Nottebohm Case，Judgement.（1955）〔2019-2-24〕http://www.icj-cij.org/en/case/18/judgments，p. 24.

"真实联系原则"的错误解读和适用，但是该案正式确立了该原则在外交保护领域中的适用，并且逐渐在国际投资领域自然人国籍认定中发挥重要作用。可见，这是具有双重国籍的自然人投资者在提起投资者-国家仲裁时，东道国是否为其国籍国之一时会引发选择的问题。

结合"真实联系原则"对自然人投资者双重国籍的认定可以分为两种问题。

其一，自然人投资者的双重国籍中不包括东道国国籍，如在"奥列圭案"中原告具有美国与秘鲁国籍，而东道国为巴拉圭。此时原告诉称适用《秘鲁-巴拉圭 BIT》，ICSID 仲裁庭是否考虑其美国国籍呢？该案仲裁庭给出的答案是无需考虑，只需认定秘鲁国籍有效即可。而在另一相似案件"沙巴诉土耳其案"[1]（以下简称"沙巴案"）中，原告同样是具有荷兰与约旦的国籍，并以《荷兰-土耳其 BIT》提起仲裁，然而土耳其认为原告与荷兰之间无真实联系，荷兰国籍只是"方便国籍"。ICSID 仲裁庭否定了原告的荷兰国籍必须真实有效的观点，认为只需具有荷兰国籍即可。通过分析可以发现，在"奥列圭案"涉及的《秘鲁-巴拉圭 BIT》中，双方约定自然人投资者所取得的国籍必须是真实有效的。但在"沙巴案"中，双方在《荷兰-土耳其 BIT）中并无此类约定。因此，在双重国籍中不含有东道国国籍时，一般而言，认定投资者国籍不需要适用真实有效原则，这意味着即使自然人通过设立"方便国籍"来获取条约保护也是得到承认的，除非国际投资条约中明确规定自然人投资者的国籍必须真实有效。

其二，自然人的双重国籍中包含东道国国籍，如"冠军贸易案"中瓦巴家族的三位自然人同时具有美国和埃及国籍，而被诉东道国为埃及。根据《公约》的规定，适合投资者显然不

---

[1] Saba Fakes v. Republic of Turkey, ICSID Case No. ARB/07/20.

能具有东道国国籍。[1]而对于像"冠军贸易案"中原告非自愿取得埃及国籍的情况，有学者认为："《公约》的工作组不愿意《公约》处理国籍非自愿取得的情况，认为应该由相关的仲裁庭来决定强制性的国籍是否应算数或应被否认"，"若一国强制性给予自然人国籍是为了对抗 ICSID 管辖或违反了国际法，东道国国籍的非自愿取得不应剥夺投资者诉求 ICSID 的权利"。[2]尽管在实践中此类观点具有一定的影响力，但该类问题已经发展为 ICSID 管辖权的争议焦点之一。然而 ICSID 仲裁庭在这一问题上援引了真实联系原则的例外："对国民的理解必须与真实有效原则相一致，除非有明确表述的例外。"[3]这一例外就是《公约》第 25 条第 2 款 a 项的明文规定"自然人投资者拥有除争端当事国之外的缔约国国籍"。显然，在实践中，ICSID 认为自然人投资中的双重国籍包含东道国国籍时，应排除自然人投资者的身份且无需考虑真实有效原则。但也存在不同的实践情况。例如，在一宗伊朗-美国索赔仲裁庭（Iran-United States Claims Tribunal）[4]审理的案件中，原告同时具有伊朗和美国国籍，并以伊朗作为被告提起仲裁。该仲裁庭认为美国国籍是原告真实有效的国籍，因而认可了原告的适格主体资格。在这些案件中，仲裁

---

〔1〕 Analysis of Documents Concerning the Origin and the Formulation of the ICSID Convention（1970），History，Vol. I. ［2019-1-7］https://icsid. worldbank. org/en/Documents/resources/History%20of%20ICSID%20Conventon%20-%20VOLUME%20I. pdf，p. 122.

〔2〕 Christoph H. Schreuer，*The ICSID Convention：A Commentary*，Cambridge：Cambridge University Press，2009：272.

〔3〕 Champion Trading Company and Ameritrade International, Inc. v. Arab Republic of Egypt，ICSID Case No. ARB/02/9 decision on jurisdiction. （2003）［2019-1-7］http://icsidfiles. worldbank. org/icsid/ICSIDBLOBS/OnlineAwards/C214/DC633_En. pdf，p. 13.

〔4〕 Case N°A/18 of 6 April 1984（5 IranU. S. C. T. R. -251）.

庭承认在国籍冲突的情况下，真实有效国籍原则应当被适用。[1]

综上，真实联系原则可以在国际投资实践中为解决自然人双重国籍的认定问题提供一种恰当的解决方式。在投资者-东道国仲裁领域中也能发挥一定的作用。若自然人投资者的双重国籍中不包含被诉东道国国籍，仲裁庭会考虑争端方对国籍要素的约定，看是否要求自然人国籍是真实有效的。若自然人投资者的双重国籍中包含被诉东道国国籍，ICSID 倾向于认定该投资者不适格，但也不排除个案的适用情况。而对于其他仲裁庭而言可以适用真实有效原则来确定投资者的国籍。利用真实联系原则解决投资者-国家仲裁中自然人投资者的双重国籍问题，可以揭开投资者国籍的面纱，既能减少"方便国籍"情况的发生，也能保障自然人投资者的合法利益。

二、对法人投资者的国籍认定标准的建议

在认定适格投资者的过程中，公司投资者面临的两个国籍方面的质疑是条约选择和模糊国籍。公司投资者一旦被仲裁庭认定为利用国籍进行条约选择，很可能将由此丧失适格主体的身份，从而得不到投资者-东道国仲裁的救济。同样，由于公司投资者所有权结构的复杂性，在存在多个所有权链条的情况下仲裁庭不易确定公司的国籍，出现了"同案不同裁"的现象，这会在实践中加剧公司投资者国籍的不确定性，不利于投资者-国家仲裁体系的稳定。可以从国际投资条约的条款改革与仲裁庭合理行使自由裁量权两个方面来解决公司投资者复杂的国籍问题。如下：

---

[1] Champion Trading Company and Ameritrade International, Inc. v. Arab Republic of Egypt, ICSID Case No. ARB/02/9, decision on jurisdiction. (2003)[2019-1-7] http://icsidfiles.worldbank.org/icsid/ICSIDBLOBS/OnlineAwards/C214/DC633_En.pdf, p. 12.

（一）国际投资条约的条款认定与改革

就国际投资条约中的条款认定问题而言，一般而言，可在条约中约定防止权利滥用条款。特别是针对法人投资者在实践中凭借着复杂的股权结构而滥用提起仲裁的权利。基于此，当事方可以在约定可能发生争端时或争端发生时，禁止法人投资者利用重组获得仲裁资格，以防止在实践中频发的权利滥用行为。

具体来说，有两种引入模式可以采取：①在国际投资条约中明确拒绝给予在敏感时间进行重组的公司投资者诉诸投资者-国家仲裁的权利。从区分善意重组与滥用权利重组的角度出发，时间点的客观性比投资者意图或目标这一类主观标准更受重视。[1]公司重组的目的可以是多样的，投资者可能同时为了税收和仲裁资格而进行重组，这也为投资者提供了辩解的理由。而采用时间点这一客观评判标准可以克服主观性过强的问题。因此，在国际投资条约中以客观的时间作为划分善意重组和滥用权利重组的界限，可以在很大程度上缓解法人投资者的权利滥用问题。[2]例如，2015 年《欧盟与越南自由贸易协定》第 2 章投资章节第 5 分节第 17 条就规定了仲裁庭在"申请人可以预见争端发生或争端已经发生时获得了争议投资的所有控制权时"应当否定管辖权。②在国际投资条约中设立禁止滥用程序条款。相较于第一种模式而言，禁止滥用程序条款不局限于时间敏感的重组，而是涵括了可能造成权利滥用的所有重组行为。禁止滥用程序衍生于禁止滥用权利原则，极个别的国际投资条约设立

---

〔1〕 联合国贸易和发展会议：《世界投资报告 2016：投资者国籍及其政策挑战》，冼国明、葛顺奇总校译，南开大学出版社 2016 年版，第 191 页。

〔2〕 李斌："国际投资条约的投资者义务条款研究"，载《国际经济法学刊》2019 年第 3 期。

了此类条款。例如《综合性经济贸易协定》（CETA）第 F 节第
8.18 条第 3 款规定："如果投资是通过欺诈、误解、隐瞒或其他
滥用程序的方式进行的，那么投资者不能提起仲裁。"在这一条
之下，时间敏感的重组可能被仲裁庭认定为是其他滥用程序的
方式，即可将此类投资者从适格主体中排除。[1]

其次，在国际投资条约中纳入利益拒绝条款可在一定程度
上缓解空壳公司和模糊国籍的问题。利益拒绝条款原本是针对
战争时期的敌人公司，对敌方的投资者拒绝给予条约下的保护，
现被用来限制投资者的条约选购现象。[2]利益拒绝条款适用于
投资者具有缔约国国籍但却与该国无任何实质商业联系的情况，
此时缔约国可以拒绝给予该投资者条约的利益。一般而言，投资
者与国籍国之间无实质商业联系的情况有两种：一是无实质商
业活动，即我们所说的空壳公司；二是投资者受东道国或非缔
约国国民控制，即前述公司面纱的类型之一。例如，2007 年
《美国与卢旺达双边投资协定》第 17.2 条规定，一缔约方在
"投资者的公司在另一缔约方境内没有实质商业活动时"以及
"非缔约方国民或东道国国民控制该公司"的情况下可以拒绝给
予另一缔约方投资者保护。又如，《中日韩三边投资协定》第 22
条第 1 款规定："一缔约方可以拒绝将本协议的利益给予另一缔
约方的投资者，如作为另一缔约方企业的该投资者是由非缔约
方或拒绝给予利益一方的投资者所拥有或控制且拒绝给予利益
的缔约方与该非缔约方之间没有正常的经济关系。"

基于空壳公司的特殊性，当出现投资争端的时候，东道国

---

〔1〕 王鹏："ICSID 仲裁中的揭开公司面纱问题研究：路径与协调"，载《武大
国际法评论》2014 年第 1 期。

〔2〕 Suzy H. Nikièma, Best Practices Definition of Investor, （2012）〔2019-1-7〕
https：//www.iisd.org/pdf/2012/best_ practices_ definition_ of_ investor.pdf, p. 12.

往往会以该公司与其母国之间没有实际经济联系为由而拒绝 ICSID 仲裁庭的管辖。基于本书的上述论述并结合以往 ICSID 裁决结果，ICSID 仲裁庭在此种情况下通常会裁定外国法人投资者争端适格，原因为对于投资争端的解决应当最终回到设立 ICSID 的最初目的上，即为了鼓励和发展国际投资行为，并不会对外国法人设立的目的和宗旨有所限制。空壳公司所造成的条约选购现象会使一些国家成为空壳公司的聚集地，如荷兰。空壳公司设立的目的纯粹是获取条约利益，这与国际投资条约的初衷不相符合，若不加以制止，会恶化投资者肆意操作国籍而提起仲裁的现象。事实上，利益拒绝条款使得法人投资者必须与缔约方存在实质的商业联系，这也从侧面使得空壳公司日益丧失生存空间。这在很大程度上保护了东道国的经济秩序。换言之，利益拒绝条款也对法人的股权结构提出了新的要求，即法人的实际控制者需为适格投资者，而非非缔约国国民或东道国国民。这也在一定程度上避免了由复杂股权结构带来的法人国籍问题。[1]

（二）仲裁庭合理行使自由裁量权

ICSID 仲裁是基于缔约方的合意或争端当事方之间的共同选择。换言之，国际仲裁侧重于缔约方的合意，注重自身的信誉、威望和独立性，确立国际投资仲裁的可信度。[2]基于此，仲裁庭具有两个显著的职能性特征：一是独立地审理国际投资纠纷；二是对相应的国际法规则进行解释。在此过程中，ICSID 不可避免地要行使自由裁量权。事实上，ICSID 就同一问题的不同裁决也体现了其自由行使裁量权。

---

〔1〕 王鹏："ICSID 仲裁中的揭开公司面纱问题研究：路径与协调"，载《武大国际法评论》2014 年第 1 期。

〔2〕 Laurence R. Helfer, Anne-Marie Slaughter, "Why States Create International Tribunals: A Response to Professors Posner and Yoo", *California Law Review*, 2005, 93.

同理，ICSID 仲裁庭在对适格投资者进行认定时也应作出符合缔约方授权范围的解释。具体到公司投资者的国籍问题，仲裁庭可以基于缔约方的明示和默示授权来解读国际投资条约的内容，并据此作出属人管辖权的裁决，促进国际投资法体系的一致性与自洽性。[1]例如，在时间敏感的重组问题上 ICSID 仲裁庭给予了持续的关注。据统计，ICSID 仲裁庭早在 2005 年"ATSA 公司诉玻利维亚案"[2]的管辖权裁决中就涉及了这一问题。在 2000 年至 2015 年 78 个管辖权被否定的案件中，时间敏感的重组问题至少出现在 8 个案件之中。[3]对于不含前述两种禁止滥用程序条款的国际投资条约，ICSID 仲裁庭可援引禁止滥用程序原则来否定投资者的仲裁主体身份。这在前述"菲利普案"中已经得到了体现。仲裁庭认定申请人经过重组后获得在澳大利亚投资的所有控制权的行为构成权利滥用，并以无管辖权为由驳回仲裁请求。从仲裁庭历年的裁决情况来看，"一般来讲，公司重组若是为了获取国际投资条约的保护是可以接受的，除非争端已经发生或者争端能够被投资者合理预见，此时将构成权利滥用"。[4]

不难发现，国际投资仲裁庭通过案件裁决的方式间接地弥补了国际投资条约的缺陷。不可否认的是，仲裁庭的自由裁量使人们对其审理案件有一个合理的期待，借此解释功能，国际投资仲裁庭实际上可以对某些问题在案件审理中作出解释并由

---

〔1〕 王鹏："ICSID 仲裁中的揭开公司面纱问题研究：路径与协调"，载《武大国际法评论》2014 年第 1 期。

〔2〕 Aguas del Tunari S. A. v. Republic of Bolivia, ICSID Case No. ARB/02/3.

〔3〕 UNCTAD, *World Investment* 2016 *Investor Nationality：Policy Challenges*, New York：United Nations Publication, 2016：179.

〔4〕 Goergen M. Martynova, L. Rennboog, "Corporate Governance Convergence：Evidence from Takeover Regulation Reformsin Europe", *Oxford Review of Economic Policy*, 2005, 21（2）：243~268.

此弥补国际投资条约的缺陷。[1]综上，对于适格投资者认定中公司投资者的国籍问题：一是可以在国际投资条约中纳入"滥用程序条款"和"利益拒绝条款"解决诸如条约选择、模糊国籍等问题。二是可以通过仲裁庭独立的纠纷解决功能与法律解释权来弥补国际投资条约的缺陷。通过国际投资条约条款和仲裁庭两方面的互动作出对公司投资者复杂的国籍的认定，以更准确地判断公司投资者的国籍，认定适格投资者，维护投资者-东道国仲裁的稳定性和长久发展。[2]

第三节 对认定东道国适格问题的建议与我国的因应

国有企业在 ICSID 仲裁中外国投资者身份的认定及发展演进对中国国有企业维护海外投资权益具有重要的意义。故笔者将从修订 BIT、修订我国国内法以及国家层面和企业层面针对东道国法律规制建议三方面提出如下对策。

一、国有企业认定问题的对策

国有企业签订的合同可能引起国家责任，关于争议是否涉及国家，"Consortium v. Algeria 案"[3]（以下简称"Consortium 案"）ICSID 仲裁庭认为，国有企业虽然不能直接等同于国家，但是如果在订立投资协议的过程中，国家起到重要甚至是支配性的影响，那么此时，国有企业在此国家干预的程度上应当承担国家

---

〔1〕 李滨："国际投资条约的投资者义务条款研究"，载《国际经济法学刊》2019 年第 3 期。

〔2〕 徐树："国际投资仲裁庭管辖权扩张的路径、成因及应对"。载《清华法学》2017 年第 3 期。

〔3〕 Part Ⅱ para. 17（ⅲ）of the Award Consortium Groupement L. E. S. I. –DIPEN-TAv. People's Democratic Republic of Algeria（ICSID Case No. ARB /03 /8）.

责任。在该案中，ICSID 仲裁庭认为，虽然合同的当事人 ANB 是一个独立于阿尔及利亚的法人，但是根据上述原则的认定，ANB 的行为可归因为国家责任。对于国家机构订立的商业合同纠纷，"Joy v. Egypt 案"[1]（以下或简称"Joy 案"）ICSID 仲裁庭认为，判断国家机构身份要结合其所签订的合同是否以商业为目的进行。即只要所签订的合同实质上是纯粹商业合同的性质，即使争端一方的当事人是国家机构，ICSID 也不能享有管辖权。

（一）完善和规制国有企业的市场主体地位

虽然国际法学说和相关实践表明，国有企业的认定存在诸多标准，难以达成一致的标准。但受制于国有企业的特殊性，国有企业发展需要进一步市场化，充分参与市场竞争，在一定程度上削弱其"政治"属性，这对其对外参与投资更为有利。基于此，国有企业即使是被诉诸仲裁，也可在很大程度上被认定为市场经济行为而非归因于国家。

首先，需要明确不是所有的国有企业都适合参与市场竞争，因此，在对国有企业朝向"竞争中立"的市场主体进行改革时，需要划分出那些可以成为独立运作的市场主体，与私人企业展开公平竞争的国有企业。基于此，明确国有企业类别十分关键，根据不同类型的国有企业在社会经济发展中的现状、作用并结合国有资本的发展目标和战略定位，可将国有企业划分为商业类和公益类。[2]商业类国有企业是指主业处于充分竞争行业和领域的国有企业和主业处于关系国民经济命脉、国家安全的关键领域和重要行业，承担重大专项任务的国有企业。前者可以

---

[1] Para. 79 of the Award of Joy Mining Machinery Limited v. Arab Republic of Egypt (ICSID Case No. ARB /03 /11).

[2] 《中共中央、国务院关于深化国有企业改革的指导意见》第二部分"分类推进国有企业改革"中的第（四）项"划分国有企业不同类别"。

说是完全竞争性国有企业，后者则需要对"对特殊业务和竞争性业务实行业务板块有效分离"。[1] 发达国家国内也有在非竞争性领域发挥重要作用的国有企业。其在总体经济中占量很少，原因是自由竞争市场经济的高度发达，限制了自然垄断存在的领域范围，使竞争性领域越来越自由化和具有高度开放性，再加上生产经营高效率，使得私营企业占领着竞争性行业或领域。相较于我国而言，我国存在大量占据市场垄断地位的国有企业，应该进一步对这两类国有企业推行商业化和市场化发展模式。这不仅有利于我国的国有企业对外投资时"商业属性"的认定，还可以进一步以市场为介入因素增强国有企业的活力和国际竞争力。这也会从根本上改革国有企业的结构性要素和国有企业的绝对化占比。

目前，我国国内法并没有对国有企业作出统一的定义，还存在着与国有企业相似的概念，如国有独资企业、全民所有制企业和国家出资企业等，我国国内法对国有企业定义的模糊也导致了在国际社会以及 ICSID 等仲裁中，发达国家对我国国有企业的误解。

根据《中华人民共和国企业国有资产法》（以下简称《企业国有资产法》）的规定，我国存在着国有独资企业、国有独资公司、国有资本控股公司和国有资本参股公司这四种形式的国有企业。在这四种形式中，国有独资企业的身份比较特殊，其为非公司制企业，全部的注册资本均为国有资本，而且政府掌握着内部人员的任免权，政府对其管理的直接干预也难免会使国际社会对我国的国有独资企业有所曲解。因此，笔者建议在相关国内法中明确国有企业的概念，将其区分于完全受政府

---

〔1〕《中共中央、国务院关于深化国有企业改革的指导意见》第二部分"分类推进国有企业改革"中的第（五）项"推进商业类国有企业改革"。

控制的法人。例如，取消《企业国有资产法》中的"国有独资企业"这种形式，政府对此种企业的直接干预，导致了政府与企业之间的关系缺乏透明度。虽然《企业国有资产法》对巩固和发展国有经济具有重大意义，但却忽视了"政企分开"的问题。基于此，取消"国有独资企业"的形式可以有效减少国际上对国有企业的歧视与误解，使我国国有企业更加公平、公正地参与市场竞争。最后，为确保国有企业的出资人符合商主体要求，应建立国有资产运行监督机制。《企业国有资产法》改革的目的之一就是让国有企业真正成为市场经济主体，为此出资人机构也要明确符合商主体要求，但发达国家多对我国国有企业的出资人隐晦、政府与出资人关系缺乏透明等问题提出质疑，建立国有资产运行监督机制可以为简化企业问责链条、明晰出资人机构情况提供强有力的帮助。因此，笔者建议在《企业国有资产法》中确立国资委的出资人法律地位，并赋予其监督国有资产运行的权力。

（二）对竞争性国有企业进行制度改革

虽然投资协定中的"投资者"定义明确地纳入"国有企业"，在一定程度上可以使其在投资仲裁中获得救济，但是并没有从实质上解决国有企业是否为市场主体的问题。随着国有企业在国际投资活动中的参与深度的拓展及其特殊的性质，新兴的投资保护协定和区域贸易协定为国有企业的投资活动的保护设立了前置条件——竞争中立规则。[1]例如，以美国为主导的TPP就通过竞争中立条款的设立，为国有企业寻求国有投资仲裁的保护设置了较高的准入门槛。TPP的投资章节并未明确国有企业是否属于正常投资者的范围，但是TPP第17章"国有企

---

〔1〕 刘雪红："论国有企业私人投资者身份认定及启示——以 ICSID 仲裁申请人资格为视角"，载《上海对外经贸大学学报》2017 年第 3 期。

业与指定垄断"中的"为主要从事商业性活动的实体"提供了具体的判断规则。[1]因此，国有企业要想成为投资者-国家争议解决机制（含 ICSID 仲裁方式）的适格主体，就需要满足该章节规定的条件。与美国的做法不同，欧盟新兴的区域贸易协定《综合性经济贸易协定》（CETA）并未创建新的竞争中立规则，而是对要求投资仲裁救济的国有企业提出竞争的中立性要求，适用原来的欧盟竞争法。CETA 规定，其管辖范围内的国有企业，直接适用加拿大和欧盟的国内竞争法。正如前文所述，在百年未有之大变局下，我国正处于社会发展新时期，针对国有企业的改革也在积极前行。虽然我国有关"竞争法"的制度框架和法制体系尚不完善。但我国仍可以此为契机，率先在投资协定中提出针对国有企业的竞争中立条款，为国有企业市场化和商业化提供制度逻辑和实践经验。

依据《公约》第 42 条第 1 款的规定，[2]投资争端解决中可适用的法律包括：东道国法律（包括冲突法的规则），双方同意的"法律规则"，以及可能适用的国际法规则（如双边投资协定）。适用的顺序是：双方同意的"法律规则"应优先适用；如双方无此同意，ICSID 仲裁庭就可以自由选择东道国国内法或国际法规则，且两者间不存在必然的优先关系。由于中外双边投资协定是中国与外国政府就投资流动达成的专门性协定，缔约当事双方更多地考虑了实际情形，对投资争端解决更有实际价值。所以，在东道国和中国投资者间有关投资合同以及中国对外投资协定文本等文件中，建议明确规定中外投资协定适用的

---

〔1〕 刘雪红："论国有企业私人投资者身份认定及启示——以 ICSID 仲裁申请人资格为视角"，载《上海对外经贸大学学报》2017 年第 3 期。

〔2〕《公约》第 42 条第 1 款规定："法庭应依照双方可能同意的法律规则判定一项争端。如无此种协议，法庭应适用争端一方的缔约国的法律（包括其关于冲突法的规则）以及可能适用的国际法规则。"

优先性，以弥补对东道国国内法的补充和纠正作用，限制 ICSID 仲裁庭的自由裁量权。立足于我国的国情，应当以涉及 ICSID 中我国国有企业的案例为基础并结合我国国有企业的发展现状，研判分析我国国有企业的身份认定问题及客观被诉风险，在此基础上研究和制定我国的应对之策。如促进国有企业市场主体化改革，优化国有企业的市场主体地位，积极促成相关国际投资协定的修改，以保障我国国有企业海外投资的市场主体地位及合法利益。

将竞争性国有企业划分出来后，接下来就需要对竞争性国有企业进行改革，以塑造其市场主体的地位。从 ICSID 仲裁庭认定国有企业身份考虑的因素来看，针对国有企业的结构、职能、控制权等，是影响 ICSID 判断的关键因素。从历史角度看，我国历经计划经济转型到社会主义市场经济的国有企业，虽曾历经多次改革，但仍然保留有计划经济的"陈旧积弊"。因此，我国仍有必要对国有企业进行制度上的改革。从管理制度上讲，应当健全公司法人治理结构。重点是完善董事会的建设，建立和健全权责对等、运转协调和有效制衡的决策执行监督机制，规范高层领导人行权行为，规范公司的治理。以内部培养和外部引进相结合的方式，推行职业经理人制度，使得经营管理者和职业经理人身份的转换渠道流通顺畅，同时选聘、管理职业经理人以市场化的方式进行。从产权制度上讲，应当推进公司制股份制改革。针对不同企业的功能定位，逐步调整国有股权在企业中的比例，以此来形成企业内部多元化的股权结构。对股东的行为进行规范，从而实现企业内部的有效约束，促进企业经营机制的高效、灵活运行。[1]从监管制度上讲，应当向

---

〔1〕《中共中央、国务院关于深化国有企业改革的指导意见》第三部分"完善现代企业制度"（七）推进公司制股分制改革，

《企业国有资产法》明确规定的国有企业依法享有自主经营权的方向深入发展。推进国有资产监督机构的职能向管资本的方向转变，切实地做到绝不越位、依法放权，使企业的自主经营决策事项归还给企业，将涉及有关子企业的管理事项上交上一级企业，积极配合有关的政府部门和单位本应承担的公共管理职能。完善国有企业的现代企业制度，从内部结构上将国有企业自身的运营和国家区分开来，转变国有资产监督机构的监管方式和内容则是从外部给予竞争性国有企业更大的自主经营权，以及减少对国有企业的行政类影响，从根本上塑造国有企业的竞争性市场主体地位。[1]

二、修订我国投资协定中的相关条款

从上述 ICSID 仲裁案例的法律适用中我们可以看到，国际投资协定（尤其是双边投资协定）在投资仲裁中的运用，是仲裁庭解决国际投资争端极为重要的法律依据。具体到国有企业在国际投资仲裁中的问题，首当其冲的就是我国对外投资协定中的"投资者"条款，主要将国有企业纳入"投资者"的范围；塑造国有企业私人投资者的身份，最后就是完善投资者-东道国争端解决机制条款。

（一）明确地将国有企业纳入"投资者"条款

双方当事人可以在 BIT 中明确规定构成国有企业的实质要件与形式要件或国有企业在何种范围内的行为可以被归因为国家行为。当双方当事人发生投资争端时，便可以直接根据 BIT 的协议定分止争。

在等待未来 ICSID 自身对仲裁规则进行修订的同时，对于

---

〔1〕《中共中央、国务院关于深化国有企业改革的指导意见》第十二部分"以管资本为主推进国有资产监管机构职能转变"。

我国来讲更加切实可行的应对措施是，国家在 BIT 的起草或谈判阶段应对"适格投资者"作出具体、明确的定义，将国有企业明确纳入 BIT 的范围。已经生效的 BIT，可以通过进行重新谈判的方式来纠正对"适格投资者"的界定标准。由于我国的 BIT 范本没有对国有企业的概念作出明确定义，在之后签订的 BIT 中也忽视了这一问题，故我国需确定关于国有企业签订的 BIT 的统一立场，以防在今后的 ICSID 仲裁中我国国有企业因主体身份不适格而丧失仲裁申请资格，导致不能通过投资仲裁方式获得保护。因此，应该尽快更新我国在 20 世纪八九十年代签订的早期 BIT，将国有企业以明示方式纳入"投资者"的定义之中，弥补缔约漏洞。与此同时，还可以将 Broches 标准也写进今后我国与其他缔约国的 BIT 中。例如，可以在 BIT 关于"投资者"的定义后以脚注的形式规定"国有企业在一般情况下可以成为本协定中的投资者，除非其在具体投资行为中行使了政府职能或充当了政府代理人"。这样以明文规定的形式，将国有企业何时可以成为适格的投资者写入 BIT 中，就可以为 ICSID 仲裁庭今后判断是否有管辖权提供理论依据。

OECD 对全球 1813 个投资协定进行考察，发现近八成的投资协定都没有明确地将国有企业纳入"投资者"的范围。具体到中国的国际投资协定，目前，中国的投资协定中的"投资者"条款对国有企业的规定，主要有以下三种情形：①缔约双方的"投资者"条款中都明确包含有国有企业。如《中国-墨西哥 BIT》第 1 条规定："本协定内，'缔约一方投资者'一词系指：在缔约另一方领土内已拥有投资，（一）根据缔约一方可适用的法律，具有其国籍的自然人；（二）根据缔约一方的法律设立或组建并在该缔约一方领土内开展实质性经营活动的企业。""企业"一词系指根据可适用的法律设立或组建的任何实体，不论是否以营利为目的，不论是私人所有还是国家所有，包括任何公司、信托、合伙、独资企业、合资企业和其他组织。②缔约双方都未在"投资者"定义中提及国有企业，如《中国－西班牙 BIT》第 2 条规定："'投资者'一词，系指：（一）依照缔约一方法律拥有缔约一方国籍的自然人；（二）按照缔约一方的法律法规设立和组成，在该缔约方领土内具有住所的法律实体，包括公司、社团、合伙和其他组织。"只是笼统地规定是依据缔约一方法律成立的实体，需要追溯至缔约双方的国内法，进而确定国有企业是否满足"投资者"要求。③缔约一方明确包含，而中国未明确包含。如《中国－加纳的 BIT》第 2 条规定："'投资者'一词，在中华人民共和国方面，系指：（一）具有中华人民共和国国籍的自然人（二）依照中华人民共和国的法律设立，其住所在中华人民共和国领土内的经济组织。在加纳共和国方面，系指：（一）依照加纳共和国现行法律获得加纳国民地位的自然人；（二）国家公司和代理机构以及依照加纳法律登记从事对外投资或贸易的公司。"在加纳，国有企业被明确包含在"国家公司"内，而中国则未有提及。因此，为了确保国有企业诉诸国际投资仲裁的阻碍减少，我国有必要对投资协定中的"投资者"条款进行修订，直接且明确地将国有企业纳入"投资者"的范围。

（二）完善我国的对外投资立法

随着"一带一路"伟大倡议的实施，对于我国已经对外签订的投资条约（主要是双边投资协定）中的一些关键性概念，要通过补充协定的方式，进一步明确这些概念和条款的解释规则和具体方法，从而完善投资条约中的实体权利规则。

以 2004 年 4 月 15 日我国与拉脱维亚签订的《关于促进和保护投资的协定》为例。其第 9 条第 2 款规定，如争议自争议一方提出协商解决之日起 6 个月内，未能通过协商解决，争议应按投资者的选择提交：一是作为争议一方的缔约方有管辖权的法院；二是依据《公约》设立的"解决投资争端国际中心"。其他国家上诉到仲裁庭的案件数量逐渐增多，未来的国际投资争端解决程序中更有效地适用协定或条约等投资方面的法律文件的一般性规定，我国和外国投资者母国可以通过签订补充协定的方式，或采取与外国投资者就具体投资项目签订投资协议的方式，预先将易于引起争端的事项在概念和条款方面作出具体的规定或详细的解释。这样一来，有助于我国政府和外国投资者预见具体投资争端发生的可能性，尽力防止投资争端的发生，即便争端发生，也能因双方事先已经作出详细约定而更容易定分止争。[1]目前，我国在国际投资中具有双重身份，既大量地吸引和利用外资，又迅速增大对外投资规模。因此，尽快修订和完善投资立法已经成为我国非常紧迫的工作。我国在修订和完善投资立法时，可以参照当前国际上的一些标准，结合我国的实际，将有关投资的关键性概念具体化。[2]

更为重要的一点是提高 ICSID 的透明度。国际投资争端常常涉及一国的公共政策或公共利益，而让其他利益相关者或公众代表参与仲裁程序，则有利于对仲裁程序和仲裁裁决进行必要的监督，促进公平与义、维护公共利益。公平公正待遇现在已成为 BIT 中投资者最容易获得索赔的条款。[3]传统投资条约一般会对征收附加几个条件，违反这些条件的征收就是违反条

〔1〕 参见李万强："论 ICSID 管辖权行使的法律实践与中国对策，"载陈安主编：《国际经济法论丛》（第 3 卷），法律出版社 2000 年版，第 227~240 页。
〔2〕 王鹏、郭剑萍："论中国直接投资法律体系的重构——监管逻辑、历史演进与政策挑"，载《国际经贸探索》2016 年第 2 期。
〔3〕 参见余劲松："国际投资条约仲裁中投资者与东道国权益保护平衡问题研究"，载《中国法学》2011 年第 2 期。

约义务。但依据公平公正待遇条款索赔则没有条件限制，只要东道国没有提供稳定的法律与商业环境、影响了投资者的基本预期即可。这实际上是给予了外国投资者以特权地位，忽视了东道国的权益，从而导致投资者保护与东道国利益间的严重失衡。至于第三者参与的具体方式、参与程度等，要依个案的具体情况而定。[1]另外，在提高透明度的同时，还必须考虑仲裁应有的自治性和保密性。我国政府在对外签订国际投资条约时，必须将透明度要求作为一般规则，与其他原则综合考虑，以争取实现各方利益的综合平衡。在采纳强制性仲裁机制时，要区别不同的缔约对象国，对"同意"国际仲裁的范围作出一定限制。为此，有学者提出建议，我国可以在与其他国家签订双边签订双边投资协定时，约定"有限同意"的例外模式。需要特别注意的是，对经过严格审查后，不涉及我国国家安全、重大国家利益等敏感领域的投资，可以事先约定"同意"管辖，与此同时，对其他领域内的投资问题约定附条件的管辖权。不难发现，有限同意模式和全面同意重要例外模式具有如下的优势：一是可以更好地保护我国的对外投资，有效实施"走出去"的对外发展战略，并通过对外投资，弥补我国在稀缺重要资源等供应方面的不足；二是增强外国投资者来华投资的信心；三是通过"重要例外"，维护我国的经济利益、公共利益和国家安全。

最后，限定"最惠国待遇"条款的适用性。我国在国内立法以及对外签订国际投资条约和双边投资保护协定时，必须考虑有关条款是否会与"最惠国待遇"条款相违背。从当前国际投资争端仲裁的实践来看，"最惠国待遇"既适用于实体权利，

---

〔1〕余劲松："国际投资条约仲裁中投资者与东道国权益保护平衡问题研究"，载《中国法学》2011 年第 2 期。

也适用于程序权利。所以，我国在相关的投资法律文件中应该明确规定"最惠国待遇"不适用于争端解决程序。否则，针对不同缔约对象国而采用不同的"同意"模式的法律安排不仅没有任何作用，反而会引起一些发展中缔约国的不满。[1]

---

[1] 蒋海波："论投资条约中最惠国条款的多边化作用及限度——基于同类规则适用的实证分析"，载《武大国际法评论》2020年第2期。

结　论

　　管辖权作为 ICSID 解决投资者与东道国投资争端的先决条件，其扩大化已是国际社会公认的事实。ICSID 确立管辖权的要件有三个：主体要件、主观要件、客体要件，即投资者、同意、投资。ICSID 长期以来一直都是学界关注的重点且多集中在"投资争端事项"和"同意的认定"方面。本书中，笔者希望通过从《公约》和 ICSID 实践中对"适格投资者"的界定来看其管辖权问题并分析其扩大化问题。显然投资者的界定问题是影响 ICSID 管辖权的关键问题，其与东道国一起构成 ICSID 管辖权的基石。由于界定投资者涉及自然人投资者国籍和法人国籍认定，而实践中又存在双重国籍自然人，受外来控制的公司、空壳公司，我国"一国两制"的特殊国情下中外 BIT 的适用等多方面问题，因而通过不同角度切入对该问题的探讨有助于加深对 ICSID 管辖权的进一步理解。《公约》和 BIT 对适格投资者规定的简单模糊导致 ICSID 仲裁庭在其受理的案件中对适格投资者的判定基本上采取一种扩大解释的态度，在相关外国投资者适格问题上所采用的标准甚至是前后矛盾的，这种矛盾主要体现在法人投资者的适格问题上。

　　无论投资者是自然人还是法人，在实践中的争议问题都主要集中在东道国法人的外国控制标准上。即外国控制标准是否可以排除《公约》对东道国国民诉东道国在 ICSID 仲裁的问题。

以及在控制标准上，法人的实际控制人和管理人是否会对法人的国籍产生影响。ICSID 仲裁庭近年来的裁决表明，其为了扩大管辖权而偏离了《公约》对适格投资者的定义。[1]

《公约》对法人国籍的界定和对外来控制的认定都过于空泛。所以，在实践中，ICSID 仲裁庭可以使用自由裁量权自行解释投资者的范围。这诱发了许多问题：第一，虽然目前 ICSID 仲裁庭对法人国籍的判定标准普遍采用的是成立地标准和资本控制标准，但不同争端的仲裁庭对法人国籍的认定标准有所不同，具体涉案法人国籍应采用何种标准认定仍取决于 ICSID 仲裁庭。第二，由于《公约》并未对"外国控制"的"控制"程度进行任何界定。ICSID 仲裁庭曾经将股权比例和决策权作为判定法人是否受到"外国控制"的依据，但并未形成统一的做法。第三，实践中，由于外国投资者较之于东道国投资者往往能享受更优惠的投资条件等因素，东道国自然人、法人为享受外国投资者的待遇、规避东道国法律，会在其他缔约国设立一个空壳公司，不进行实质性经营活动，仅为取得外国投资者的身份以便于回到东道国投资。而对于空壳公司的国籍认定也缺少条约的规定。第四，关于自然人投资者，ICSID 仲裁庭拥有对自然人投资者国籍认定的最终判断权。在实践中，虽然同样形成了严格排除具有东道国国籍的自然人以及排除真实有效联系原则，但这两种标准都只是 ICSID 仲裁庭在裁决中适用的标准，非《公约》规定不具有普遍约束效力。随着 ICSID 管辖权的扩大化，ICSID 以促进全球投资自由化为名更多地倾向保护投资者利益，东道国与投资者之间呈现出利益失衡。以美国为代表的发达国家虽仍然倾向于国际投资争端提交 ICSID 仲裁，但随着国

---

〔1〕 参见柯月婷："论 ICSID 管辖权要求下的适格投资"，载《河南警官职业学院学报》2017 年第 4 期。

际投资的发展，发达国家逐步成为东道国，其对 ICSID 管辖权的态度开始转变，从以前全面接受 ICSID 管辖转变为设置例外条款的接受。[1]《美国 2012 年 BIT 范本》细化了投资者范围，借以限制 ICSID 仲裁庭对投资者范围的自由界定。以拉美国家为代表的发展中国家在接受 ICSID 管辖权上经历了一个反复的历程：20 世纪 80 年代之前受卡尔沃主义影响，绝对拒绝接受 ICSID 管辖；20 世纪 90 年代末为渡过经济危机，开始转向全面接受；21 世纪初遭遇"ICSID 仲裁危机"而限制的接受；现今，随着逆全球化的发展与民粹主义浪潮的兴起，各国开始相继宣布退出《公约》、修改国内法拒绝 ICSID 管辖。虽然目前主要的拉美国家均采用退出《公约》的方式排除 ICSID 管辖投资争端，但这种做法并未达到预期的效果，拉美国家仍需面对 ICSID 多起未决案件裁决给国内带来的不利影响。[2]

随着改革开放和社会主义市场经济的飞速发展，自 1998 年开始，由于历史和实行"一国两制、高度自治"制度的特殊国情，中外 BIT 未明确规定香港投资者是否属于 BIT 中中国投资者的范围，在 2007 年的"谢业深诉秘鲁案"中，ICSID 仲裁庭就利用自由裁量权自行解释《中国－秘鲁 BIT》适用范围，将中国投资者的范围扩大，这显然是扩大其管辖权的表现。基于这种问题，我国应转变适用 ICSID 管辖权的态度，在积极参与 ICSID 解决争端时，也要设置限制条件和例外条款以维护我国的合法权益，明确规定 BIT 中涉及国际投资争端解决的实体性权利条款，如最惠国待遇条款，发挥负责任大国的作用，推动

---

〔1〕　参见刘笋：《国际投资保护的国际法制 若干重要法律问题研究》，法律出版社 2002 年版，第 265~273 页。

〔2〕　余劲松："国际投资条约仲裁中投资者与东道国权益保护平衡问题研究"，载《中国法学》2011 年第 2 期。

ICSID 仲裁机制改革，积极推动多元化国际投资仲裁解决方法，坚定维护以《联合国宪章》和《公约》为基础的国际投资秩序。在 BIT 签订或起草阶段，就对"适格的投资者"作出明确具体的规定。例如，可以在 BIT 中明确排除空壳公司；明确法人投资者的国籍标准。又如，可以规定采取主要营业地标准或实际控制人国籍标准来细化确定法人投资者的国籍国等。同时，我国在国际投资中也应吸取之前案例的经验与教训，积极利用 BIT 来约束 ICSID 管辖权的扩大，从而防止 ICSID 偏向投资者或东道国任何一方，在 ICSID 管辖权扩大化趋势下保持投资者与东道国的利益平衡。加强对 ICSID 裁决与案例的研究，在以后的国际投资中更好地利用 ICSID 解决与其他国家国民间的投资争端。

参考文献

一、中文类

（一）专著

[1] 余劲松：《国际投资法》（第4版），法律出版社2014年版。

[2] 陈安主编：《国际投资法的新发展与中国双边投资条约的新实践》，复旦大学出版社2007年版。

[3] 王传丽主编：《国际经济法》（第5版），中国人民大学出版社2015年版。

[4] 杜新丽主编：《国际投资法》，中国政法大学出版社1995年版。

[5] 许光耀、宋连斌主编：《国际私法学》，湖南人民出版社2005年版。

[6] 吴岚：《国际投资法视域下的东道国公共利益规则》，中国法制出版社2014年版。

[7] 张光：《国际投资法制中的公共利益保护问题研究》，法律出版社2016年版。

[8] 张庆麟主编：《国际投资法：实践与评析》，武汉大学出版社2018年版。

[9] 蔡从燕、李尊然：《国际投资法上的间接征收问题》，法律出版社2010年版。

[10] ［尼泊尔］苏里亚·P.苏贝迪：《国际投资法：政策与原则的协调》（第2版），张磊译，法律出版社2015年版。

[11] 银红武:《中国双边投资条约的演进:以国际投资法趋同化为背景》,中国政法大学出版社 2017 年版。

[12] 黄志瑾:《中国国有投资者参与国际投资的规则研究》,人民出版社 2014 年版。

[13] [美] 加里·B. 博恩:《国际仲裁法律与实践》,白麟等译,郑若骅等审校,商务印书馆 2015 年版。

[14] 梁丹妮:《〈北美自由贸易协定〉投资争端仲裁机制研究》,法律出版社 2007 年版。

[15] 联合国贸易和发展委员会:《世界投资报告 2016:投资者国籍及其政策挑战》,冼国明,葛顺奇总校译,南开大学出版社 2016 年版。

[16] 梁慧星:《民法总论》(第 5 版),法律出版社 2017 年版。

[17] 李万强:《ICSID 仲裁机制研究》,陕西人民出版社 2002 年版。

[18] [意] 莫鲁·鲁比诺-萨马塔诺:《国际仲裁法律与实践》(第 2 版),中信出版社 2003 年版。

[19] 商务部、国家统计局、国家外汇管理局编制:《2017 年度中国对外直接投资统计公报》,中国统计出版社 2018 年版。

[20] 陶立峰:《美国双边投资协定研究》,法律出版社 2016 年版。

[21] 吴建强、杨钢:《市场化视角下的深化国有企业改革研究》,西南财经大学出版社 2017 年版。

[22] 杨卫东:《双边投资条约研究——中国的视角》,知识产权出版社 2013 年版。

[23] 韩立余主编:《国际投资法》,中国人民大学出版社 2018 年版。

[24] 卢进勇、余劲松、齐春生主编:《国际投资条约与协定新论》,人民出版社 2007 年版。

[25] 赵维田主编:《美国——对某些虾及虾制品的进口限制案》,上海人民出版社 2003 年版。

[26] 辛宪章:《国际投资争端解决机制研究》,东北财经大学出版社 2014 年版。

[27] 姚梅镇:《姚梅镇文集》,武汉大学出版社 2010 年版。

[28] 叶兴平、王作辉、闫洪师:《多边国际投资立法:经验、现状与展

望》，光明日报出版社 2008 年版。

[29] 石惠：《投资条约仲裁机制的批判与重构》，法律出版社 2008 年版。

[30] 单文华：《欧盟对华投资的法律框架：解构与建构》，蔡从燕译，北京大学出版社 2007 年版。

[31] 陈安主编：《国际经济法学》，北京大学出版社 1994 年版。

[32] 王铁崖主编：《国际法》，法律出版社 1995 年版。

[33] ［英］詹宁斯、瓦茨修订：《奥本海国际法》，王铁崖译，中国大百科全书出版社 1995 年版。

[34] 刘笋：《WTO 法律规则体系对国际投资法的影响》，中国法制出版社 2001 年版。

[35] 徐崇利、林忠：《中国外资法》，法律出版社 1998 年版。

[36] 王立君主编：《国际投资法》，格致出版社 2010 年版。

[37] 史晓丽、祁欢：《国际投资法》，中国政法大学出版社 2009 年版。

[38] 孙南申：《国际投资法》，中国人民大学出版社 2008 年版。

[39] 曾华群主编：《国际投资法学》，北京大学出版社 1999 年版。

[40] 毛燕琼：《WTO 争端解决机制问题与改革》，法律出版社 2010 年版。

[41] 张乃根：《WTO 争端解决机制论——以 TRIPS 协定为例》，上海人民出版社 2008 年版。

[42] 梁西：《国际组织法（总论）》（修订第 5 版），武汉大学出版社 2002 年版。

[43] 徐晓明：《全球化压力下的国家主权》，华东师范大学出版社 2007 年版。

[44] 杨泽伟：《主权论——国际法上的主权问题及其发展趋势研究》，北京大学出版 2006 年版。

[45] 辛先章：《国际投资争端解决机制研究》，东北财经大学出版社 2014 年版。

[46] ［英］安托尼·奥斯特：《现代条约法与实践》，江国青译，中国人民大学出版社 2005 年版。

[47] 李浩培：《条约法概论》，法律出版社 2003 年版。

[48] 万猛主编：《国际投资争端解决中心案例导读》，法律出版社 2015

年版。

[49] 袁海勇:《中国海外投资政治风险的国际法应对——以中外 BIT 及国际投资争端案例为研究视角》,上海人民出版社 2018 年版。

[50] 张士元主编:《中国企业法律制度研究》,立信会计出版社 2013 年版。

[51] 张建:《国际投资仲裁管辖权研究》,中国政法大学出版社 2019 年版。

[52] [美] E. 博登海默:《法理学——法律哲学与法学方法》,邓正来译,中国政法大学出版社 1998 年版。

[53] 王海浪:《ICSID 管辖权新问题与中国新对策研究》,厦门大学出版社 2017 年版。

[54] 沈四宝等编著:《揭开公司面纱法律原则与典型案例选评》,对外经济贸易大学出版社 2005 年版。

[55] 李贵英:《国际投资法专论——国际投资争端之解决》,元照出版有限公司 2004 年版。

[56] 韩德培主编:《国际私法》(修订版),武汉大学出版社 1989 年版。

[57] 吕岩峰、何志鹏、孙璐:《国际投资法》,高等教育出版社 2006 年版。

[58] 宋连斌主编:《仲裁法》,武汉大学出版社 2010 年版。

[59] 白桂梅:《国际法》(第 2 版),北京大学出版社 2010 年版。

[60] 梁西主编:《国际法》(第 3 版),武汉大学出版社 2011 年版。

[61] 董书萍主编:《国际投资法》,知识产权出版社 2015 年版。

[62] 韩立余主编:《国际经济法学原理与案例教程》(第 3 版),中国人民大学出版社 2015 年版。

[63] 李双元、欧福永主编:《国际私法》(第 4 版),北京大学出版社 2015 年版。

[64] 林一飞:《商事仲裁实务精要》,北京大学出版社 2016 年版。

[65] 江伟、肖建国:《仲裁法》(第 3 版),中国人民大学出版社 2016 年版。

[66] 霍政欣:《国际私法》,中国政法大学出版社 2017 年版。

[67] 周成新:《国际投资争议的解决方法》,中国政法大学出版社 1989

年版。

[68] 郭玉军：《国际贷款法》，武汉大学出版社 1998 年版。

[69] 乔欣：《仲裁权研究——仲裁程序公正与权利保障》，法律出版社 2001 年版。

[70] 朱崇实主编：《中国外资法研究：在 WTO 背景下的思考》，厦门大学出版社 2005 年版。

[71] 叶兴平：《国际争端解决机制的最新发展——北美自由贸易区的法律与实践》，法律出版社 2006 年版。

[72] 杨良宜、莫世杰、杨大明：《仲裁法：从 1996 年英国仲裁法到国际商务仲裁》，法律出版社 2006 年版。

[73] 梁埜：《英国 1996 年仲裁法与中国仲裁法的修改：与仲裁协议有关的问题》，法律出版社 2006 年版。

[74] 丁颖：《美国商事仲裁制度研究：以仲裁协议和仲裁裁决为中心》，武汉大学出版社 2007 年版。

[75] 魏艳茹：《ICSID 仲裁撤销制度研究》，厦门大学出版社 2007 年版。

[76] 史飚：《商事仲裁监督与制约机制研究》，知识产权出版社 2011 年版。

[77] 刘京莲：《阿根廷国际投资仲裁危机的法理与实践研究——兼论对中国的启示》，厦门大学出版社 2011 年版。

[78] 梁咏：《双边投资条约与中国能源投资安全》，复旦大学出版社 2012 年版。

[79] 漆彤：《"一带一路"国际经贸法律问题研究》，高等教育出版社 2018 年版。

[80] 乔慧娟：《私人与国家间投资争端仲裁的法律适用问题研究》，法律出版社 2014 年版。

[81] 杨丽艳主编：《中欧投资与贸易相关法律问题暨欧盟法研究》，广西师范大学出版社 2014 年版。

[82] 何其生：《比较法视野下的国际民事诉讼》，高等教育出版社 2015 年版。

[83] 朱明新：《国际投资争端赔偿的法律问题研究》，中国政法大学出版

社 2015 年版。

[84] 石俭平:《国际投资条约中的征收条款研究》,上海社会科学院出版社 2015 年版。

[85] 王淑敏等:《地缘政治视阈下中国海外投资法律保护理论研究——以"一带一路"为契机》,知识产权出版社 2016 年版。

[86] 张宏乐:《国际投资协定中的最惠国条款研究》,经济科学出版社 2016 年版。

[87] 张志:《仲裁立法的自由化、国际化和本土化——以贸法会仲裁示范法为比较》,中国社会科学出版社 2016 年版。

[88] 宋建立编著:《涉外仲裁裁决司法审查:原理与实践》,法律出版社 2016 年版。

[89] 梁开银:《中国双边投资条约研究》,北京大学出版社 2016 年版。

[90] 肖军:《规制冲突裁决的国际投资仲裁改革研究——以管辖权问题为核心》,中国社会科学出版社 2017 年版。

[91] 王海浪:《ICSID 管辖权新问题与中国新对策研究》,厦门大学出版社 2017 年版。

[92] [英] 雷德芬、亨特:《国际商事仲裁法律与实践》(第 4 版),林一飞、宋连斌译,北京大学出版社 2005 年版。

[93] [法] 伊曼纽尔·盖拉德:《国际仲裁的法理思考和实践指导》,黄洁译,陈晶莹审校,北京大学版社 2010 年版。

[94] [美] 克里斯多佛·R. 德拉奥萨、理查德·W. 奈马克:《国际仲裁科学探索:实证研究精选集》,陈福勇、丁建勇译,中国政法大学出版社 2010 年版。

[95] [英] 马尔科姆·N. 肖:《国际法》(第 6 版),白桂梅等译,北京大学出版社 2011 年版。

[96] [英] 维杰·K. 巴蒂亚、[澳] 克里斯托弗·N. 坎德林、[意] 毛里济奥·戈地编:《国际商事仲裁中的话语与实务:问题、挑战与展望》,林玫、潘苏悦译,北京大学出版社 2016 年版。

[97] [美] 肯尼斯·J. 范德威尔德:《美国国际投资协定》,蔡从燕等译,法律出版社 2017 年版。

（二）期刊论文

[1] 林一："ICSID：国际工程争议解决的新途径"，载《国际经济合作》2014 年第 6 期。

[2] 沈虹："论 ICSID 对涉中国投资条约仲裁的管辖权——兼论 ICSID 涉中国第一案"，载《法学杂志》2011 年第 7 期。

[3] 梁岿然："美国双边投资协定范本争议解决条款分析——以对 ICSID 仲裁管辖权之认可为视角"，载《河北法学》2016 年第 3 期。

[4] 唐雅："论解决投资争端国际中心仲裁的法律适用——以《华盛顿公约》第 42 条第 1 款为视角"，载《学术论坛》2009 年第 11 期。

[5] 张庆麟："论国际投资协定中'投资'的性质与扩大化的意义"，载《法学家》2011 年第 6 期。

[6] 王朝恩、王璐："国际投资法前沿问题与中国投资条约的完善——'中国与 ICSID'国际投资法与仲裁高级研讨会综述"，载《西安交通大学学报（社会科学版）》2013 年第 3 期。

[7] 黄月明："ICSID 仲裁庭扩大管辖权的途径及其应对——从'谢业深案'切入"，载《华东政法大学学报》2013 年第 5 期。

[8] 赵秀文："从斯里兰卡 BOT 项目看 ICSID 的管辖权"，载《法学评论》2005 年第 3 期。

[9] 张正怡："晚近 ICSID 仲裁庭管辖权裁决的实证考察——兼谈我国首次被申诉案件的管辖权抗辩"，载《时代法学》2011 年第 6 期。

[10] 王楠："双边投资协定中的伞形条款解释——兼论 ICSID 近期相关案例"，载《法学家》2008 年第 6 期。

[11] 周园："试论 ICSID 语境下的适格投资者"，载《时代法学》2013 年第 4 期。

[12] 王淑敏："国际投资中'外国政府控制的交易'之法律问题研究——由'三一集团诉奥巴马案'引发的思考"，载《法商研究》2013 年第 5 期。

[13] 周林："ICSID 管辖权问题研究"，载《黑龙江对外经贸》2008 年第 1 期。

[14] 刘笋："国际法的人本化趋势与国际投资法的革新"，载《法学研究》

2011 年第 4 期。

[15] 王鹏：“国际投资法的社会化趋势探析”，载《西安交通大学学报（社会科学版）》2016 年第 4 期。

[16] 张辉：“美国国际投资法理论和实践的晚近发展——浅析美国双边投资条约 2004 年范本”，载《法学评论》2009 年第 2 期。

[17] 谢宝朝、张淑梅：“国际投资法中的人权保护问题研究——以国际投资仲裁实践为视角”，载《国际商务研究》2013 年第 1 期。

[18] 徐崇利：“公平与公正待遇标准：国际投资法中的‘帝王条款’?”，载《现代法学》2008 年第 5 期。

[19] 郑蕴、徐崇利：“论国际投资法体系的碎片化结构与性质”，载《现代法学》2015 年第 1 期。

[20] 王贵国：“从 Saipem 案看国际投资法的问题与走势”，载《中国政法大学学报》2011 年第 2 期。

[21] 赵骏：“国际投资仲裁中‘投资’定义的张力和影响”，载《现代法学》2014 年第 3 期。

[22] 何力：“国际经济法的地缘新格局”，载《政法论丛》2016 年第 3 期。

[23] 王彦志：“非政府组织的兴起与国际经济法的合法性危机”，载《法制与社会发展》2002 年第 2 期。

[24] 左海聪：“国际经济法基本问题论纲”，载《法学评论》2009 年第 1 期。

[25] 宁红玲、漆彤：“‘一带一路’倡议与可持续发展原则——国际投资法视角”，载《武大国际法评论》2016 年第 1 期。

[26] 祝海燕：“论我国双边投资条约对 ICSID 管辖权的接受”，载《重庆科技学院学报（社会科学版）》2009 年第 1 期。

[27] 向玉兰：“‘BIT 条款’和‘协议条款’对 ICSID 管辖权的影响”，载《法学杂志》2006 年第 1 期。

[28] 吕文学、郝利华：“从刚果投资案例看 ICSID 仲裁管辖权”，载《国际经济合作》2017 年第 5 期。

[29] 黄进、孔庆江：“关于设立亚洲基础设施投资银行投资争端解决中心

的探讨",载《国际经济评论》2017 年第 6 期。

[30] 沈涓:"国际民事诉讼中滥用诉权问题浅析",载《国际法研究》2017 年第 6 期。

[31] 初北平:"'一带一路'多元争端解决中心构建的当下与未来",载《中国法学》2017 年第 6 期。

[32] 戴瑞君:"中国缔结的双边条约在特别行政区的适用问题——兼评'世能诉老挝案'上诉判决",载《环球法律评论》2017 年第 5 期。

[33] 王少棠:"正当性危机的解除?——欧盟投资争端解决机制改革再议",载《法商研究》2018 年第 2 期。

[34] 张利民:"论国内法院对国际投资仲裁的司法审查制度",载《海关与经贸研究》2017 年第 4 期。

[35] 徐树:"国际投资仲裁庭管辖权扩张的路径、成因及应对",载《清华法学》2017 年第 3 期。

[36] 黄世席:"国际投资仲裁裁决的司法审查及投资条约解释的公正性——基于'Sanum 案'和'Yukos 案'判决的考察",载《法学》2017 年第 3 期。

[37] 杜新丽、张建:"'一带一路'倡议下平衡保护投资者与东道国权益的法律思考",载中国国际法学会主办:《中国国际法年刊》(2016),法律出版社 2017 年版。

[38] 刘敬东:"构建公正合理的'一带一路'争端解决机制",载《太平洋学报》2017 年第 5 期。

[39] 赵玉意:"国际投资仲裁机构对涉环境国际争端的管辖:主导与协调",载《国际经贸探索》2017 年第 9 期。

[40] 张卫彬、许俊伟:"'一带一路'与投资争端解决机制创新——亚投行的角色与作用",载《南洋问题研究》2017 年第 4 期。

[41] 史晓丽、崔宇航:"东道国受外国控制公司在国际投资争端解决中的法律地位",载《天津法学》2018 年第 1 期。

[42] 王玉苹:"'拒绝授惠条款'在国际投资仲裁中的适用及发展",载《武大国际法评论》2016 年第 1 期。

[43] 崔淑洁、齐鹏、宗玥:"国际投资仲裁中法人的精神损害赔偿",载

《山东科技大学学报（社会科学版）》2016 年第 4 期。

［44］黄世席：“欧盟国际投资仲裁法庭制度的缘起与因应”，载《法商研究》2016 年第 4 期。

［45］廖凡：“妥协与平衡：TPP 中的投资者与东道国争端解决机制”，载《暨南学报（哲学社会科学版）》2016 年第 9 期。

［46］石静霞、马兰：“《跨太平洋伙伴关系协定》（TPP）投资章节核心规则解析”，载《国家行政学院学报》2016 年第 1 期。

［47］傅攀峰：“国际投资仲裁中既判力原则的适用标准——从形式主义走向实质主义”，载《比较法研究》2016 年第 4 期。

［48］宁红玲、漆彤：“‘一带一路’倡议与可持续发展原则——国际投资法视角”，载《武大国际法评论》2016 年第 1 期。

［49］吕宁宁：“TTIP 对现有外国投资的国际法律规制的改革设想”，载《甘肃政法学院学报》2016 年第 6 期。

［50］张建：“国际投资仲裁管辖权与双边投资协定的解释问题探析”，载《天津法学》2016 年第 3 期。

［51］刘敬东、任雪峰：“对有关仲裁裁决司法审查案件的请示批复的理解与适用”，载《人民司法》2015 年第 19 期。

［52］王鹏、郭剑萍：“论国际投资仲裁上诉机制的设计——以 TTIP 谈判为例”，载《国际经贸探索》2015 年第 5 期。

［53］强之恒：“人本化对 TPP 谈判中国际投资仲裁机制设计的影响”，载《国际经贸探索》2015 年第 9 期。

［54］李沣桦：“东道国当地救济规则在 ICSID 仲裁领域的运用研究——兼论中国双边投资条约的应对策略”，载《法律科学（西北政法大学学报）》2015 年第 3 期。

［55］廖诗评、李若楠：“论国际争端解决机制管辖权的冲突与协调”，载《江淮论坛》2015 年第 4 期。

［56］彭思彬：“‘无默契仲裁’管辖权问题研究——以 ICSID 为切入点的考察”，载《国际商务研究》2015 年第 5 期。

［57］任清：“海外投资的条约保护：规则、案例与对策”，载《海外投资与出口信贷》2015 年第 5 期。

［58］漆彤、余茜：“从新自由主义到嵌入式自由主义——论晚近国际投资法的范式转移”，载刘志云主编：《国际关系与国际法学刊》（第4卷），厦门大学出版社2014年版。

［59］赵骏、刘芸：“国际投资仲裁透明度改革及我国的应对”，载《浙江大学学报（人文社会科学版）》2014年第3期。

［60］赵红梅：“投资条约保护伞条款的解释及其启示——结合晚近投资仲裁实践的分析”，载《法商研究》2014年第1期。

［61］张生：“国际投资仲裁中条约解释方面的问题及其完善对策”，载《国际经济法学刊》2014年第1期。

［62］银红武：“ICSID公约退出的法律影响探讨”，载《广州大学学报（社会科学版）》2014年第11期。

［63］张庆麟：“国际投资仲裁的第三方参与问题探究”，载《暨南学报（哲学社会科学版）》2014年第11期。

［64］黄世席：“国际投资仲裁中的挑选条约问题”，载《法学》2014年第1期。

［65］黄世席：“国际投资仲裁中最惠国条款的适用和管辖权的新发展”，载《法律科学（西北政法大学学报）》2013年第2期。

［66］龚柏华：“TPP协定投资者——东道国争端解决机制述评”，载《世界贸易组织动态与研究（上海对外贸易学院学报）》2013年第1期。

［67］丁丁、王云鹏：“论国际投资争端解决的管辖权冲突及应对——以CAFTA投资争端解决机制为视角”，载《国际贸易问题》2012年第8期。

［68］朱明新：“国际投资仲裁平行程序的根源、风险以及预防——以国际投资协定相关条款为中心”，载《当代法学》2012年第2期。

［69］沈伟：“论中国双边投资协定中限制性投资争端解决条款的解释和适用”，载《中外法学》2012年第5期。

［70］郭玉军：“论国际投资条约仲裁的正当性缺失及其矫正”，载《法学家》2011年第3期。

［71］石现明：“国际投资仲裁内部上诉机制述评”，载《云南大学学报

（法学版）》2011 年第 2 期。

[72] 蔡从燕："国际投资仲裁的商事化与'去商事化'"，载《现代法学》2011 年第 1 期。

[73] 于湛旻："公共利益与国际投资仲裁程序性改革——以法庭之友和透明度为例"，载《国际经济法学刊》2011 年第 1 期。

[74] 余劲松："国际投资条约仲裁中投资者与东道国权益保护平衡问题研究"，载《中国法学》2011 年第 2 期。

[75] 吴卡、宋连斌："国际司法机构管辖权冲突的解决路径"，载《华东政法大学学报》2011 年第 3 期。

[76] 李武健："国际投资仲裁中的社会利益保护"，载《法律科学（西北政法大学学报）》2011 年第 4 期。

[77] 杨卫东、郭垩："法人投资者功能性国籍的确定——以 ICSID 仲裁制度及实践为中心"，载《武汉大学学报（哲学社会科学版）》2011 年第 6 期。

[78] 李凤琴："国际投资仲裁中的人权保护"，载《政法论丛》2010 年第 1 期。

[79] 黄进、宋连斌："国际民商事争议解决机制的几个重要问题"，载《政法论坛》2009 年第 4 期。

[80] 许敏："论 ICSID 投资仲裁对双边投资协定中的最惠国待遇条款的发展"，载《经济问题探索》2009 年第 3 期。

[81] 蔡从燕："外国投资者利用国际投资仲裁机制新发展反思——国际法实施机制与南北矛盾的双重视角"，载《法学家》2007 年第 3 期。

[82] 王彦志："投资条约保护伞条款的实践及其基本内涵"，载《当代法学》2008 年第 5 期。

[83] 张圣翠："NAFTA 投资规则及其影响"，载《政治与法律》2005 年第 2 期。

[84] 史晓丽："区域贸易协定争端解决机制中的'场所选择条款'探析"，载《政法论坛》2008 年第 2 期。

[85] 张光："论国际投资仲裁中投资者利益与公共利益的平衡"，载《法律科学（西北政法大学学报）》2011 年第 1 期。

［86］ 张建伟："主流范式的危机：法律经济学理论的反思与重整"，载《法制与社会发展》2005 年第 4 期。

［87］ 张利民："论国内法院对国际投资仲裁的司法审查制度"，载《海关与经贸研究》2017 年第 4 期。

二、外文类

（一）专著

［1］ Christoph H. Schreuer et al. , *The ICSID Convention: A Commentary*, 2009.

［2］ Poonam Sarmah, *Home Country Measures and FDI: Implications for Host Country Development*, *CUTS Center For Competition*, Investment Economic Regulations, 2003.

［3］ Malcolm N. Shaw, *Intenational Law*, six th Edition, Cambridge University Press, 2008.

［4］ Mark Fledman, *The Standing of State - owned Entities under Investment Treaties*, *Yearbook on International Investment Law & Policy*, Oxford University Press.

［5］ Christoph Schreuer et al. , *The ICSID Convention: A Commentary*, Cambridge University Press, 2009.

［6］ Aron Broches, *Selected Essays*, *World Bank*, *ICSID*, *and Other Subjects of Public and Private International Law*, Martinus Nijhoff Publishers, 1995.

［7］ Andrew P. Newcombe, Lluis Paradell, *Law and Practice of International Investment Treaties: Standard of Treatmwent*, 2009.

［8］ Krista Nadakavukaren Schefer, *International Investment Law: Text, Cases and Materials*, Second Edition, Cheltenham: Edward Elgar Publishing, 2016.

［9］ Surya P. Subedi, *International Investment Law: Reconciling Policy and Principle*, Third Edition, Oxford: Hart Publishing Led, 2016.

［10］ Jorun Katharina Baumgartner, *Treaty Shopping in International Investment Law*, *Thèse de Doctorat de L'Université de Lausanne*, Lausanne, 2016.

［11］ Meg Kinnear et al. , *Building International Investment Law: The First 50 Years of ICSID*, Alphen aan den Rijn: Kluwer Law International, 2016.

［12］ Zheng Sophia Tang, Yongping Xiao, Zhengxin Huo, *Conflict of Laws in the People's Republic of China*, Cheltenham: Edward Elgar Publishing, 2016.

［13］ Julien Fouret, *Enforcement of Investment Treaty Arbitration Awards: A Global Guide*, London: Global Business Publishing Ltd, 2015.

［14］ Dimitrij Euler, Markus Gehring, Maxi Scherer, *Transparency in International Investment Arbitration: A Guide to the UNCITRAL Rules on Transparency in Treaty-Based Investor-State Arbitration*, Cambridge: Cambridge University Press, 2015.

［15］ Wenhua Shan, Jinyuan Su, *China and International Investment Law: Twenty Years of ICSID Membership*, Leiden: Brill Nijhoff and Hotei Publishing, 2015.

［16］ B. Hoops et al. , *Rethinking Expropriation Law I: Public Interest in Expropriation*, Hague: Eleven International Publishing, 2015.

［17］ Ean E. Kalicki, Anna Joubin-Bret, *Reshaping the Investor-State Dispute Settlement System: Journeys for the 21st Century*, Leiden: Brill Nijhoff, 2015.

［18］ James M. Gaitis, Carl F. Ingwalson, Vivien B. Shelanski, *The College of Commercial Arbitrators, Guide to Best Practices in Commercial Arbitration, third edition*, New York: Juris Net, LLC, 2014.

［19］ R. Doak Bishop, James R. Crawford, W. Michael Reisman, *Foreign Investment Disputes: Cases, Materials and Commentary*, Second Edition, Hague: Kluwer Law International, 2014.

［20］ Brooks W. Daly, Evgeniya Goriatcheva, Hugh A Meighen, *A Guide to the PCA Arbitration Rules*, Oxford: Oxford University Press, 2014.

［21］ Meg Kinnear, *Compbell McLachlan, ICSID Review-Foreign Investment Law Journal Yearbook of 2014*, Volume 29, Oxford: Oxford University Press, 2014.

［22］ Shaheeza Lalani, Rodrigo Polanco Lazo, *The Role of the State in Investor-State Arbitration*, Leiden: Martinus Nijhoff Publishers, 2014.

［23］ Trinh Hai Yen, *The Interpretaion of Investment Treaties*, Leiden: Brill Nijhoff Publisher, 2014.

[24] Freya Baetens, *Investment Law within International Law: Integrationist Perspectives*, Cambridge: Cambridge University Press, 2013.

[25] N. Jansen Calamita, David Earnest, Markus Burgstaller, *Current Issues in Investment Treaty Law Vol. IV: The Future of ICSID and the Place of Investment Treaties in International Law*, London: British Institute of International and Comparative Law, 2013.

[26] Hanno Wehland, *The Coordination of Multiple Proceedings in Investment Treaty Arbitration*, Oxford: Oxford University Press, 2013.

[27] Richard Happ, Noah Rubins, *Digest of ICSID Awards and Decisions 1974-2002*, Oxford: Oxford University Press, 2013.

[28] Marc Bungenberg, August Reinisch, Christian Tietje, *EU and Investment Agreements: Open Questions and Remaining Challenges*, Baden: Hart Publishing, 2013.

[29] Roberto Echandi, Pierre Sauvè, *Prospects in International Investment Law and Policy: World Trade Forum*, Cambridge: Cambridge University Press, 2013.

[30] David D. Caron, Lee M. Caplan, *The UNCITRAL Arbitration Rules: A Commentary*, Second Edition, Oxford: Oxford University Press, 2013.

[31] Isabella D. Bunn, *The Right to Development and International Economic Law: Legal and Moral Dimensions*, Oxford: Hart Publishing, 2012.

[32] Andrea Marco Steingruber, *Consent in International Arbitration*, Oxford: Oxford University Press, 2012.

[33] Wenhua Shan, *The Legal Protection of Foreign Investment: A Comparative Study*, Oxford: Hart Publishing Ltd, 2012.

[34] Rudolf Dolzer, Christoph Schreuer, *Principles of International Investment Law*, Second Edition, Oxford: Oxford University Press, 2012.

[35] James Crawford, *Brownlie's Principles of Public International Law*, Eigh th Edition, Oxford: Oxford University Press, 2012.

[36] Chittharanjan F. Amerasinghe, *Interntional Arbitral Jurisdiction*, Leiden: Martinus Nijhoff Publishers, 2011.

[37] Chittharanjan F. Amerasinghe, *Interntional Arbitral Jurisdiction*, Leiden:

Martinus Nijhoff Publishers, 2011.

[38] Jan Ole Voss, *The Impact of Investment Treaties on Contracts between Host States and Foreign Investors*, Leiden: Martinus Nijhoff Publishers, 2011.

[39] Nanou Leleu‐Knobil, *The Review of International Arbitral Awards*, New York: Juris Publishing, 2010.

[40] M. Sornarajah, *The International Law on Foreign Investment*, third edition, Cambridge: Cambridge University Press, 2010.

[41] Katia Yannaca Small, *Arbitration under International Investment Agreements: A Guide to the Key Issues*, Oxford University Press, 2010.

[42] Jeswald W. Salacuse, *The Law of Investment Treaties*, New York: Oxford University Press, 2010.

[43] Christoph Müller, *Swiss Case Law in International Arbitration*, Second Revised Edition, Zurich: Deutsche Nationalbibliothek, 2010.

[44] Christina Binder et al., *International Investment Law for the 21st Century: Essays in Honour of Christoph Schreuer*, New York: Oxford University Press, 2009.

[45] Andrea K. Bjorklund, Ian A Laird, Sergey Ripinsky, *Investment Treaty Law Current Issue III: Remedies in International Investment Law and Emerging Jurisprudence of International Investment Law*, London: British Institute of International and Comparative Law, 2009.

[46] Christoph H. Schreuer et al., *The ICSID Convention: A Commentary*, second edition, Cambridge: Cambridge University Press, 2009.

[47] P. M. Dupuy, F. Francioni, E. U. Petersmann, *Human Rights in International Investment Law and Arbitration*, Oxford: Oxford University Press, 2009.

[48] Mary H. Mourra, *Latin American Investment Treaty Arbitration: The Controversies and Conflicts*, Alphen aan den Rijn: Kluwer Law International, 2008.

[49] Yas Banifatemi, *Precedent in International Arbitration*, New York: Juris Publishing, Inc., 2008.

[50] Matti S. Kurkela, Hannes Snellman, *Due Process in International Commercial Arbitration*, New York: Oceana Publications, Inc., 2005.

[51] Todd Weiler, *NAFTA Investment Law and Arbitration: Past Issues, CurrentPractice and Future Prospects*, Ardsley: Transnational Publishers, Inc. , 2004.

[52] Emmanuel Gaillard, Yas Banifatemi, *Annulment of ICSID Awards*, New York: Juris Publishing, Inc, 2004.

[53] Cheng Dejun, Michael J. Moser, Wang Shengchang, *International Arbitration in the People's Republic of China: Commentary, Cases and Materials*, Second Edition, Hong Kong: Butterworths Asia, 2000.

[54] Thomas E. Carbonneau, *Cases and Materials on The Law and Practice of Arbitration*, Second Edition, New York: Juris Publishing, 2001.

[55] Paul E. Comeaux, N. Stephan Kinsella, *Protecting Foreign Investment Under International Law: Legal Aspects of Political Risks*, New York: Oceana Publications Inc. , 1997.

(二) 期刊论文

[1] UNCTAD, "Review of ISDS Decision in 2018: Selected IIA Reform Issues", https://unctad. org/en/PublicationsLibrary/diaepcbinf2019d6_ en. pdf.

[2] Luis A. López Zamora, "El Enfoque Extractivo del Derecho Ambiental y Los Desafíos del Concepto de 'Pueblos Indígenas' ", *Anuario Mexicano de Derecho Internacional*, 14 (2014).

[3] Babic, Bojana, "Piercing the Corporate Veil in ICSID Arbitration", *34 Harmonius: Journal of Legal and Social Studies in South East Europe*, 55 (2017).

[4] David M. Howard, "Creating Consistency through A World Investment Court", 41 Fordham International Law Journal 3 (2017).

[5] Mary E. Footer, "Umbrella Clauses and Widely – Formulated Arbitration Clauses: Discerning the Limits of ICSID Jurisdiction", *16 Law & Practice of International Courts and Tribunals*, 87 (2017).

[6] Fenghua Li, "The Yokos Cases and the Provisional Application of the Energy Charter Treaty", *6 Cambridge International Law Journal*, 77 (2017).

[7] Eva Paloma, Reves, "Investment Treaty Arbitration: Dual Nationals Are Now-

Welcome, A Way out of ICSID's Dual Nationality Exclusion", *49 New York University Journal of International Law and Politics*, 607 (2017).

[9] Joel A. Dennerley, "Emerging Space Nations and the Development of International Regulatory Regimes", *Space Policy*, 2016.

[10] Andrew Dickinson, "Back to the Future: The UK's EU Exit and the Conflict of Laws", *12 Journal of Private International Law*, 196 (2017).

[11] August Reinisch, "Will the EU's Proposal Concerning an Investment Court System for CETA and TTIP Lead to Enforceable Awards——The Limits of Modifying the ICSID Convention and the Nature of Investment Arbitration", *19 Journal of International Economic Law*, 761 (2016).

[12] Veijo Heiskanen, "Ménage à Trois? Jurisdiction, Admissibility and Competence in Investment Treaty Arbitration", *29 ICSID Review - Foreign Investment Law Journal*, 231 (2014).

[13] Wang Guiguo, "The ICSID Annulment Mechanism: Practices, Problems and Alternatives", *2 China Legal Science*, 54 (2014).

[14] Albert Jan van den Berg, "Should the Setting Aside of the Arbitral Award be Abolished", *29 ICSID Review - Foreign Investment Law Journal*, 279 (2014).

[15] Jared Hanson, "Setting Aside Public Policy: The Pemex Decision and the Case for Enforcement International Arbitral Awards Set Aside as Contrary to Public Poliy", *15 Georgetown Journal of International Law*, 826 (2014).

[16] Filip Balcerzak, "Jurisdiction of Tribunals in Investor - State Arbitration and the Issue of Human Rights", *29 Arbitration International*, 216 (2014).

[17] Charles E. Aduaka, "The Enforcement Mechanism under the International Centre for Settlement of Investment Dispute (ICSID) Arbitration Award: Issues and Challenges", *20 Journal of Law, Policy and Globalization*, 134 (2013).

[18] S. R. Subramanian, "BITs and Pieces in International Investment Law: Enforcementof Investment Treaty Arbitration Awards in the Non - ICSID States: The Case of India", *14 Journal of World Investment & Trade*, 198

(2013).

[19] Zhengxin Huo, "Two Steps Forward, One Step Back: A Commentary on the Judicial Interpretation on Private International Law Act of China", *43 Hongkong Law Journal*, 685 (2013).

[20] Eric De Brabandere, "The ICSID Rule on Early Dismissal of Unmeritorious nvestment Treaty Claims: Preserving the Integrity of ICSID Arbitration", *9 Manchester Journal of International Economic Law*, 23 (2012).

[21] Oleksiy Kononov, K. P. Sauvant, F. Ortino, "Improving the International Investment Law and Policy Regime: Options for the Future 2013 Ministry for Foreign Affairs of Finland Helsinki", *Journal of Policy Modeling*, 36 (2014).

[22] Catharine Titi, "International Investment Law and the European Union: Towards a New Generation of International Investment Agreements", *European Journal of International Law*, 2015, 26 (3).

[23] Timothy G. Nelson, "Going Dutch – the Many Virtues of the Netherlands Model BIT", *Dispute Resolution International*, 163 (2012).

[24] Andrés A. Mezgravis, Carolina González, "Denunciation of the ICSID Convention: Two Problems, One Seen and One Overlooked", *7 Transnational Dispute Management*, 1 (2012).

[25] Vasily Shubin, "The Enforcement of ICSID Arbitral Awards, Practice and Problems", *11-12 Korea University Law Review*, 15 (2012).

[26] Michele Potestà, Marija Sobat, "Frivolous Claims in International Adjudication: A Study of ICSID Rule 41 (5) and of Procedures of Other Courts and Tribunals to Dismiss Claims Summarily", *3 Journal of International Dispute Settlement*, 137 (2012).

[27] Zhengxin Huo, "Reshaping Private International Law in China: The Statutory Reform of Tort Conflicts", *5 Journal of East Asia and International Law*, 93 (2012).

[28] Zhengxin Huo, "An Imperfect Improvement: The New Conflict of Laws Act of the People's Republic of China", *60 International & Comparative Law*

Quarterly, 1065 (2011).

[29] Michele Potesta, "Interpretation of Consent to ICSID Arbitration Contained in Domestic Investment Laws", *27 Arbitration International*, 149 (2011).

[30] Markus Burgstaller, Charles B. Rosenberg, "Challenging International Arbitral Awards: To ICSID or not to ICSID?", *27 Arbitration International*, 91 (2011).

[31] Paul Michael Blyschak, "Access and Advantage Expanded: Mobil Corporation v Venezuela and Other Recent Arbitration Awards on Treaty Shopping", *4 The Journal of World Energy Law & Business*, 32 (2011).

[32] Bruno Simma, "Foreign Investment Arbitrtion: A Place for Human Rights?", *60 International and Comparative Law Quarterly* 575 (2011).

[33] Jason Webb Yackee, "Do Bilateral Investment Treaties Promote Foreign Direct Investment? Some Hints from Alternative Evidence", *51 Virginia Journal of International Law*, 397 (2011).

[34] Matthew T. Parish, Annalise K. Newlson, Charles B. Rosenberg, "Awarding Moral Damages to Respondent States in Investment Arbitration", *29 Berkeley Journal of International Law*, 227 (2011).

[35] Fabrizio Marrella, "On the Changing Structure of International Investment Law: The Human Right to Water and ICSID Arbitration", *12 International Community Law Review*, 335 (2010).

[36] James Crawford, "Continuity and Discontinuity in International Dispute Settlement: An Inaugural Lecture", *1 Journal of International Dispute Settlement*, 161 (2010).

[37] Constantine Partasides, "Proving Corruption in International Arbitration: A Balanced Standard for the Real World", *25 ICSID Review—Foreign Investment Law Journal*, 47 (2010).

[38] Ezeibe et al., "The Place of the International Centre for the Settlement of Investment Disputes (ICSID) Additional Facility in International Commercial Arbitration", *1 Nnamdi Azikiwe University Journal of International Law and Jurisprudence*, 56 (2010).

[39] Matthew Skinner, "Cameron Miles and Sam Luttrell, Access and Advantage in Investor-State Arbitration: the Law and Practice of Treaty Shopping", *20 The Journal of World Energy & Business*, 260 (2010).

[40] Robin F. Hansen, "Parallel Proceedings in Investor-State Treaty Arbitration: Response for Treaty-Drafters, Arbitrators and Parties", *73 The Modern Law Review*, 523 (2010).

[41] Susan D. Franck, "Development and Outcomes of Investment Treaty Arbitration", *50 Harvard International Law Journal*, 435 (2009).

[42] Chen Huiping, "The Investor - State Dispute Settlement Mechanism: Where to Go in the 21st Century", *9 Journal of World Investment & Trade*, 467 (2008).

[43] Julien Fouret, "Denunciation of the Washington Convention and Non-Contractual Investment Arbitration: Manufacturing Consent to ICSID Arbitration", *25 Journal of International Arbitration*, 71 (2008).

[44] Matthew Wendlandt, "SGS v. Phillippines and the Role of ICSID Tribunals in Investor-State Contract Disputes", *43 Texas International Law Journal*, 554 (2008).

[45] Christian J. Tams, "International Investment Law and Arbitration: Leading Cases from the ICSID, NAFTA, Bilateral Treaties and Customary International Law", *50 German Yearbook of International Law*, 880 (2007).

[46] J. Griebel, "Jurisdiction over Contract Claims in Treaty-based Investment Arbitration on the Basis of the Wide Dispute Settlement Clauses in Investment Agreements", *4 Transnational Dispute Management*, 14 (2007).

[47] Susan D. Franck, "Empirically Evaluating Claims about Investment Treaty Arbitration", *86 North Carolina Law Review*, 55 (2007).

[48] Thomas Buergenthal, "The Proliferation of Disputes, Dispute Settlement Procedures and Respect for the Rule of Law", *21 ICSID Review—Foreign Investment Law Journal*, 126 (2006).

[49] Jan Paulsson, "International Arbitration and the Generation of Legal Norms: Treaty Arbitration and International Law", *3 Transnational Dispute Man-*

agement, 1（2006）.

[50] Edward Baldwin, "Mark Kantor and Michael Nolan, Limits to Enforcement of ICSID Awards", *23 Journal of International Arbitration*, 2（2006）.

[51] Andre Vincze, "Jurisdiction inicsid arbitration, Hungary", *Research field*, 2004.

[52] Waleed Bin Khamenei, "Two Nebulous ICSID Features: the Investment Control Concepts and Abolished the AD hoc Committee on Patrick Mitchell v Democracy", *The Decision to Invest in Thedemocratic Republic of the Congo international Arbitration Journal*, 24（2007）.

[53] William W. Bruke－White, Andreas Von Staden, "Investment Protection in Extraordinary Times: The implication and Application of Non－Preclude Measures Provisions in Bilateral Investment Treaties", *Virginia Journal of International Law*, 48（2008）.

[54] Strong, "Enforcing Class Arbitration in the International Sphere: Due Process and Public Policy Concerns", *University of Pennsylvania Journal of International Law*, 30（2008）.

[55] Mark Kantor, "Third－Party Funding in International Arbitration: An Essay About New Developments", *ICSID Review*, 24（2009）.

[56] Olivier De Schutter, Johan Swinnen, Jan Wouters, "Foreign Direct Investment and Human Development", *Taylor and Francis*, 2012.

[57] Anthony C. Sinclair, "The Origins of the Umbrella Clause in the International Law of Investment Protection", *20 Arbitration International*, 412（2004）.

[58] Zachary Douglas, "The Hybrid Foundations of Investment Treaty Arbitration", *74 The British Year Book of International Law*, 241（2004）.

[59] Eduard Kunstek, "Exclusivity of ICSID's Jurisdiction", *23 Zbornik Pravnog Fakulteta Sveucilista u Rijeci*, 111（2002）.

[60] Jack J. Coe, "Domestic Court Control of Investment Awards: Necessary Evil or Achilles Heel Within NAFTA and the Proposed FTAA?", *19 Journal of International Arbitration*, 185（2002）.

[61] Matthew Wendlandt, "SGS v. Phillippines and the Role of ICSID Tribunals in Investor-State Contract Disputes", *43 Texas International Law Journal*, 554 (2008).

[62] Vaughan Lowe, "Overlapping Jurisdiction in International Tribunals", *20 Australian Yearbook of International Law*, 91 (1999).

(三) 国际公约或条约

[1] Convention on the Settlement of Investment Disputes Between States and Nationals of Other States.

[2] OECD, OECD Guidelines on Corporate Governance of State-Owned Enterprises, Paris: OECD, 2015.

[3] UNCTAD, World Investment Report 2014, Investing in the SDGs: An Action Plan, Geneva: United Nations, 2014.

[4] UNCTAD, World Investment Report 2017, Global Investment Prospects and Trends: International Production, Geneva: United Nations, 2017.

[5] ICSID Arbitration Additional Facility Rules.

[6] International Centre for the Settlement of Investment Disputes Arbitration Rules.

附 录

解决国家与他国国民间投资争端公约[1]

序 言

各缔约国

考虑到对经济发展进行国际合作的必要性和私人国际投资在这方面的作用；

注意到各缔约国和其他缔约国的国民之间可能不时发生与这种投资有关的争端；

承认虽然此种争端通常将遵守各国的法律程序，但在某些情况下，采取国际解 决方法可能是适当的；

特别重视提供国际调停或仲裁的便利，各缔约国和其他缔约国国民如果有此要 求，可以将此种争端交付国际调停或仲裁；

---

[1] 来源中华人民共和国商务部官方网站，http://www.mofcom.gov.cn/article/zhongyts/ci/200207/20020700032154.shtml，最后访问日期20221021.

愿意在国际复兴开发银行的赞助下建立此种便利；

认为，双方同意借助此种便利将此种争端交付调停或仲裁，构成了一种有约束力的协议，该协议特别需要对调停人的任何建议给予适当考虑，对任何仲裁裁决予以遵守；

宣告不能仅仅由于缔约国批准、接受或认可本公约这一事实而不经其同意就认为该缔约国具有将任何特定的争端交付调停或仲裁的义务。

议定下列各条：

第一章　解决投资争端的国际中心

第一节　建立和组织

第一条

一、兹建立解决投资争端的国际中心（以下称为"中心"）。

二、中心的宗旨是依照本公约的规定为各缔约国和其他缔约国的国民之间的投资争端，提供调停和仲裁的便利。

第二条

中心的总部应设在国际复兴开发银行（以下称为"银行"）总行办事处。该总部可以根据行政理事会经其成员的三分之二多数作出的决定迁往另一地点。

第三条

中心应设有一个行政理事会和一个秘书处，并应有一个调停人小组和一个仲裁人小组。

第二节　行政理事会

第四条

一、行政理事会由每一缔约国各派代表一人组成。在首席代表未能出席会议或 不能执行任务时，可以由副代表担任代表。

二、如无相反的任命，一个缔约国所指派的银行的理事和副理事应当然成为各 该国的代表和副代表。

第五条

银行行长应为行政理事会的当然主席（以下称为"主席"），但无表决权。在 他缺席或不能执行任务时和在银行行长职位出缺时，应由暂时代理行长的人担任行 政理事会主席。

第六条

一、行政理事会在不损害本公约其他条款赋予它的权力和职能的情况下，应：

（一）通过中心的行政和财政条例；

（二）通过着手采取调停和仲裁的程序规则；

（三）通过调停和仲裁的和程序规则（以下称为"调停规则和仲裁规则"）；

（四）批准同银行达成的关于使用其行政设施和服务的协议；

（五）确定秘书长和任何副秘书长的服务条件；

（六）通过中心的年度收支预算；

（七）批准关于中心的活动的年度报告。

上述（一）、（二）、（三）和（六）项中的决定，应由行政理事会成员的三 分之二多数票通过。

二、行政理事会可以设立它认为必需的委员会。

三、行政理事会可以设立执行它确定为履行本公约规定所必需的其他权力和任务。

第七条

一、行政理事会应举行一次年度会议和理事会可能决定的,或经理事会至少五个成员国的请求由主席或由秘书长召开的其他会议。

二、行政理事会每个成员享有一个投票权;除本公约另有规定外,理事会所有的事项应以多数票作出决定。

三、行政理事会任何会议的法定人数应为其成员的多数。

四、行政理事会可由其成员的三分之二多数决定建立一种程序,根据该程序主席可以不召开理事会会议而使理事会进行表决。该项表决只有理事会的多数成员在上述程序规定的限期内投票,才能认为有效。

第八条

中心对行政理事会成员和主席的工作,有付给报酬。

第三节 秘书处

第九条

秘书处由秘书长一人、副秘书长一人或数人以及工作人员组成。

第十条

一、秘书长和任何副秘书长由主席提名,经行政理事会根据其成员的三分之二多数票选举产生,任期不超过六年,可以连任。主席在同行政理事会成员磋商后,对上述每一职位得提出一个或几个候选人。

二、秘书长和副秘书长的职责应避免执行任何政治任务。

秘书长或任何副秘书 长除经行政理事会批准外，不得担任其他任何职务，或从事其他任何职业。

三、在秘书长缺席或不能执行任务时，或在秘书长职位出缺时，由副秘书长担 任秘书长。如果有一个以上的副秘书长，应由行政理事会在事前决定他们担任秘书 长的次序。

第十一条

秘书长是中心的法律代表和主要官员，并依照本公约的规定和行政理事会通过 的规则负责其行政事务，包括任命工作人员。他应履行书记官的职务，并有权认证 根据本公约作出的仲裁裁决和核证其副本。

第四节　小　组

第十二条

调停人小组和仲裁人小组各由合格的人员组成，他们应根据以下规定指派，并 愿意提供服务。

第十三条

一、每一缔约国可以向每个小组指派四人，他们可以是、但不一定是该缔约国 国民。

二、主席可以向每个小组指派十人，向一个小组指派的人员应具有不同的国籍 。

第十四条

一、指派在小组服务的人员应具有高度的道德品质，并且在法律、商务、工业 或金融方面有公认的资格，他们可以被信赖作出独立的判断。对仲裁人小组的人员 而言，在法律方面的资格尤其重要。

二、主席指派在小组中服务的人员时，还应适当注意保证世界上各种主要法律 体系和主要经济活动方式在小组中的代表性。

第十五条

一、小组成员的服务期限为六年，可以连任。

二、遇有一个小组的成员死亡或辞职时，指派该成员的机构有权指派另一人在 该成员剩余的任期内服务。

三、小组成员应继续任职，直至其继任人被指派时为止。

第十六条

一、一个人可以在两个小组服务。

二、如果一个人被一个以上的缔约国或被一个或一个以上的缔约国和主席指派 在同一个小组服务，他应被认为是被首先指派他的机构所指派；或者如果其中一个 指派他的机构是他国籍所属的国家，他应被认为是被该国所指派。

三、所有的指派应通知秘书长，并从接到通知之日起生效。

第五节　中心的经费

第十七条

如果中心的开支不能以使用其设施的收费或其他收入来偿付，那末属于银行成 员的缔约国应各按其认购的银行资本股份的比例，而不属于银行成员的缔约国则按 行政理事会通过的规则来负担超支部分。

第六节　地位、豁免和特权

第十八条

中心具有完全的国际法律人格。中心的法律能力应包括：

（一）缔结契约的能力；

（二）取得和处理动产和不动产的能力；

（三）起诉的能力。

第十九条

为使中心能完成其任务，它在各缔约国领土内应享有本节规定的豁免权和特权 。

第二十条

中心及其财产的资产享有豁免一切法律诉讼的权利，除非中心放弃此种豁免。

第二十一条

主席、行政理事会成员，担任调停人或仲裁人或按照第五十二条第三款任命的 委员会成员以及秘书处的的官员和雇员：

一、在执行任务时的一切行动，享有豁免法律诉讼的权利，除非中心放弃此种 豁免；

二、如不是当地的国民，应享有缔约国给予其他缔约国相应级别的代表、官员 和雇员在移民限制、外国人登记条例和国民兵役义务方面同等豁免权，在外汇限制 方面的同等使利以及有关旅行便利的同等待遇。

第二十二条的规定应适用于根据本公约作为当事人、代理人、法律顾问、律师 、证人或专家在诉讼中出席的人，但该条第二款只适用于他们在诉讼所在地往返旅 程和停留。

第二十三条

一、中心的档案不论其在何处，应不受侵犯。

二、关于官方通讯，各缔约国给予中心的待遇，不得低于给予其他国际组织的 待遇。

第二十四条

一、中心、其资产、财产和收入，以及本公约许可的业务活动和交易，应免除 一切税捐和关税。中心还应免除征收或偿付任何税捐或关税的义务。

二、除当地国民外，对中心付给行政理事会主席或成员的津贴，或付给秘书处 官员或雇员的薪金、津贴或其他报酬，均不得征税。

三、对担任调停人或仲裁人，或按照第五十二条第三款任命的委员会成员，在 本公约规定的诉讼中取得的报酬或津贴，均不得征税，倘若此项征税以中心的所在 地进行诉讼的地点，或付给报酬或津贴的地点为唯一法律依据的话。

第二章　中心的管辖

第二十五条

一、中心的管辖适用于缔约国（或缔约国指派到中心的该国的任何组成部分或 机构）和另一缔约国国民之间直接因投资而产生的任何法律争端，而该项争端经双 方书面同意提交给中心。当双方表示同意后，任何一方不得单方面撤销其同意。

二、"另一缔约国国民"系指：

（一）在双方同意将争端交付调停或仲裁之日以及在根据第二十八条第三款或 第三十六条第三款登记请求之日，具有作为争端一方的国家以外的某一缔约国国籍 的任何自然人，但不包括在上述任一日期也具有作为争端一方的缔约国国籍的任何 人；

（二）在争端双方同意将争端交付调停或仲裁之日，具有作为争端一方的国家 以外的某一缔约国国籍的任何法人，以及在上述日期具有作为争端一方的缔约国国 籍的任何法人，而该法人因受外国控制，双方同意为了本公约的目的，应看作是另 一缔约国国民。

三、某一缔约国的组成部分或机构表示的同意，须经该缔

投资者与东道国适格问题研究

约国批准，除非该缔 约国通知中心不需要予以批准。

四、任何缔约国可以在批准、接受或认可本公约时，或在此后任何时候，把它 将考虑或不考虑提交给中心管辖的一类或几类争端通知中心。秘书长应立即将此项 通知转送给所有缔约国。此项通知不构成第一款所要求的同意。

第二十六条

除非另有规定，双方同意根据本公约交付仲裁，应视为同意排除任何其他补救 办法而交付上述仲裁。缔约国可以要求用适当的各种行政或司法补救办法，作为其 同意根据本公约交付仲裁的一个条件。

第二十七条

一、缔约国对于它本国的一个国民和另一缔约国根据本公约已同意交付或已交 付仲裁的争端，不得给予外交保护或提出国际要求，除非该另一缔约国未能遵守和 履行对此项争端所作出的裁决。

二、在第一款中，外交保护不应包括纯粹为了促进争端的解决而进行的非正式 的外交上的交往。

第三章　调　停

第一节　请求调停

第二十八条

一、希望采取调停程序的任何缔约国或缔约国的任何国民，应就此向秘书长提 出书面请求，由秘书长将该项请求的副本送交另一方。

二、该若请求应包括关于发生争端的问题的材料、双方的身分以及它们同意依 照采取调停和仲裁的程序规则进行调停等内容。

三、秘书长应登记此项请求，除非他根据请求中所包括的材料，发现此项争端 显然在中心的管辖范围之外。他应立即将登记或拒绝登记之事通知双方。

第二节　调停委员会的组成

第二十九条

一、调停委员会（以下称为"委员会"）应在依照第二十八条提出的请求予以 登记之后尽速组成。

二、（一）委员会应由双方同意任命的唯一的调停人或任何非偶数的调停人组 成。

（二）如双方对调停人的人数和任命的方法不能取得协议，则委员会应由三名 调停人组成，由每一方各任命调停人一名，第三人由双方协议任命，并担任委员会 主席。

第三十条

如果在秘书长依照第二十八条第三款发出关于请求已予以登记的通知后九十天 内，或在双方可能同意的其他期限内未能组成委员会，主席经任何一方请求，并尽 可能同双方磋商后，可任命尚未任命的调停人或数名调停人。

第三十一条

一、除主席根据第三十条进行任命的情况外，可以从调停人小组以外任命调停 人。

二、从调停人小组以外任命的调停人应具备第十四条第一款所述的品质。

第三节　调停程序

第三十二条

一、委员会应是其本身权限的决定人。

二、争端一方提出的反对意见，认为该争端不属于中心的管辖范围，或因其他 原因不属于委员会权限范围，委员会应加以考虑，并决定是否将其作为先决问题处 理，或与该争端的是非曲直一并处理。

第三十三条

任何调停程序应依照本节规定，以及除双方另有协议外，依照双方同意调停之 日有效的调停规则进行。如发生任何本节或调停规则或双方同意的任何规则未作规 定的程序问题，则该问题应由委员会决定。

第三十四条

一、委员会有责任澄清双方发生争端的问题，并努力使双方就共同可接受的条 件达成协议。为此目的，委员会可以在程序进行的任何阶段，随时向双方建议解决 的条件。双方应同委员会进行真诚的合作，以使委员会能执行其任务，并对委员会的建议给以最认真的考虑。

二、如果双方达成协议，委员会应制定一项报告，指出发生争端的问题，并载 明双方已达成协议。如果在程序进行的任何阶段，委员会认为双方已不可能达成协 议，则它应结束此项程序，并制定一项报告，指出已将争端提交调停，并载明双方未能达成协议。如果一方未能出席或参加上述程序，委员会应结束此项程序并制定 一项报告，指出该方未能出席或参加。

第三十五条

除争端双方另有协议外，参加调停程序的任何一方均无权在其他任何程序中，不论是在仲裁员面前或在法院或其他机构，援引或依仗参加调停程序的另一方所表示的任何意见或所作的声明或承认或提出的解决办法，也不得援引或依仗委员会提出的报告或任何建议。

第四章　仲　裁

第一节　请求仲裁

第三十六条

一、希望采取仲裁程序的任何缔约国的任何国民，应就此向秘书长提出书面请求，由秘书长将该项请求的副本送交另一方。

二、该项请求应包括关于发生争端的问题的材料、双方的身分以及它们同意依照采取调停和仲裁的程序规则提交仲裁等内容。

三、秘书长应登记此项请求，除非他根据请求中所包括的材料，发现此项争端显然在中心的管辖范围之外。他应立即将登记或拒绝登记之事通知双方。

第二节　法庭的组成

第三十七条

一、仲裁法庭（以下简称法庭）应在依照第三十六条提出的请求登记之后尽速组成。

二、（一）法庭应由双方同意任命的唯一的仲裁人或任何非偶数的仲裁人组成。

（二）如双方对仲裁人的人数任命的方法不能取得协议，法庭应由三名仲裁人组成，由每一方各任命仲裁人一名，第三人由双方协议任命，并担任法庭庭长。

第三十八条

如果在秘书长依照第三十六条第三款发出关于请求已予以登记的通知后九十天内，或在双方可能同意的其他期限内未能组成法庭，主席经任何一方请求，并尽可能同双方磋商后，可任命尚未任命的仲裁人或数名仲裁人。主席根据本条任命的仲裁人不得为争端一方的缔约国的国民或其国民是争端一方的缔约国的国民。

第三十九条

大多数仲裁人不得为争端一方的缔约国国民和其国民是争端一方的缔约国的国民；但如唯一的仲裁人或法庭和每一成员经双方协议任命，本条上述规定则不适用。

第四十条

一、除主席根据第三十八条进行任命的情况外，可以从仲裁人小组以外任命仲裁人。

二、从仲裁人小组以外任命的仲裁人应具备第十四条第一款所述的品质。

第三节　法庭的权力和职能

第四十一条

一、法庭应是其本身权限的决定人。

二、争端一方提出的反对意见，认为该争端不属于中心的管辖范围，或因其他原因不属于法庭的权限范围，法庭应加以考虑，并决定是否将其作为先决问题处理，或与该争端的是非曲直一并处理。

第四十二条

一、法庭应依照双方可能同意的法律规则判定一项争端。如无此种协议，法庭 应适用争端一方的缔约国的法律（包括其关于冲突法的规则）以及可能适用的国际 法规则。

二、法庭不得借口法律无明文规定或含义不清而暂不作出裁决。

三、第一款和第二款的规定不得损害法庭在双方同意时对争端作出公平和善意 的决定的权力。

第四十三条

除非双方另有协议，如果法庭在程序的任何阶段认为有必要时，它可以：

（一）要求双方提出文件或其他证据；

（二）访问与争端有关的场地，并在该地进行它可能认为适当的调查。

第四十四条

任何仲裁程序应依照本节规定，以及除双方另有协议外，依照双方同意提交仲 裁之日有效的仲裁规则进行。如发生任何本节或仲裁规则或双方同意的任何规则未 作规定的程序问题，则该问题应由法庭决定。

第四十五条

一、一方未出席或陈述其案情，不得视为接受另一方的主张。

二、如果一方在程序的任何阶段未出席或陈述其案情，另一方可以请求法庭处 理向其提出的问题并作出判决。法庭在作出判决之前，应通知未出席或陈述案情的 一方，并给以宽限日期，除非法庭确信该方不愿意这么做。

第四十六条

除非双方另有协议，如以一方请求，法庭应对争端的主要问题直接引起的附带 或附加的或要求或反要求作出决定，但上述要求应在双方同意的范围内，不然则在 中心的管辖范围内。

第四十七条

除双方另有协议外，法庭如果认为情况需要，得建议采取任何临时措施，以维 护任何一方各自的权利。

第四节　裁　决

第四十八条

一、法庭应以其全体成员的多数票对问题作出决定。

二、法庭的裁决应以书面作成，并由法庭投赞成票的成员签字。

三、裁决应处理提交法庭的每一个问题，并说明所根据的理由。

四、法庭的任何成员可以在裁决上附上他个人的意见（不论他是否同意多数人 的意见），或陈述他的不同意见。

五、中心未经双方的同意不得公布裁决。

第四十九条

一、秘书长应迅速将裁决的核证无误的副本送交双方。裁决应视为在送交上述 副本之日作出。

二、法庭经一方在作出裁决之日后四十天内提出请求，可以在通知另一方后对 裁决中遗漏的任何问题作出决定，并纠正裁决中的任何抄写、计算或类似的错误。其决定应为裁决的一部分，并应按裁决一样的方式通知双方。第五十一条第二款和 第五十二条第二款规定的期限应从作出决定之日起计算。

第五节　裁决的解释、修改和取消

第五十条

一、如果双方对裁决的意义或范围发生争端，任何一方可以向秘书长提出书面 申请，要求对裁决作出解释。

二、如有可能 应将该项要求提交作出裁决的法庭。如果不可能这样做，则应 依照本章第二节组织新法庭。法庭如认为情况有此需要，可以在它作出决定前停止 执行裁决。

第五十一条

一、任何一方可以根据发现一些其性质对裁决有决定性影响的事实，向秘书长 提出书面申请要求修改裁决，但必须以在作出裁决时法庭和申请人都不了解该事实 为条件，而且申请人不知道该事实并非由于疏忽所致。

二、申请应在发现该事实后九十天内，无论如何应在作出裁决之日后三年之内 提出。

三、如有可能，该项要求应提交作出裁决的法庭。如果不可能这样做，则应依 照本章第二节组织新法庭。

四、法庭如认为情况有此需要，可以在作出决定前，停止执行裁决。如果申请 人在申请书中要求停止执行裁决，则应暂时停止执行，直到法庭对该要求作出决定 为止。

第五十二条

一、任何一方可以根据下列一个或几个理由，向秘书长提出书面申请，要求取 消裁决：

（一）法庭的组成不适当；

（二）法庭显然超越其权力；

（三）法庭的一个成员有受贿行为；

（四）有严重的背离基本程序规则的情况；

（五）裁决未陈述其所依据的理由。

二、申请应在作出裁决之日后一百二十天之内提出。但以受贿为理由而要求取 消者除外，该项申请应在发现受贿行为后一百二十天之内，并且无论如何在作出裁 决之日后三年之内提出。

三、主席在接到要求时，应立即从仲裁人小组中任命一个由三人组成的专门委 员会。委员会的成员不得为作出裁决的法庭的成员，不得具有与上述任何成员相同 的国籍，不得为争端一方的国家的国民或其国民是争端一方的国家的国民，不得为上述任一国指派参加仲裁人小组的成员，也不得在同一争端中担任调停人。委员会 根据第一款规定的任何理由有权取消裁决或裁决中的任何部分。

四、第四十一至第四十五条、第四十八条、第四十九条、第五十三条和第五十 四条以及第六章和第七章的规定，在适用于委员会的程序时，得作必要的变动。

五、委员会如认为情况有此需要，可以在作出决定前，停止执生裁决。如果申 请人在申请书中要求停止执行裁决，则应暂时停止执行，直到委员会对该要求作出 决定为止。

六、如果裁决被取消，则经任何一直的请求，应将争端提交给依照本章第二节 组织的新法庭。

第六节　裁决的承认和执行

第五十三条

一、裁决对双方有约束力。不得进行任何上诉或采取任何其他除本公约规定外 的补救办法。除依照本公约有关规定予以停止执行的情况外，每一方应遵守和履行裁决的规定。

二、在本节中，"裁决"应包括依照第五十条、第五十一条或第五十二条对裁决作出解释、修改或取消的任何决定。

第五十四条

一、每一缔约国应承认本公约作出的裁决具有约束力，并在其领土内履行该裁决所加的财政义务，正如该裁决是该国法院的最后判决一样。具有联邦宪法的缔约国可以在联邦法院或通过该法院执行该裁决，并可规定联邦法院应把该裁决视为其组成的一邦的法院作出的最后判决。

二、要求在一缔约国领土内予以承认或执行的一方，应向该缔约国为此目的而指定的主管法院或其他机构提供经秘书长核证无误的该裁决的副本一份。每一缔约国应将为此目的而指定的主管法院或其他机构以及随后关于此项指定的任何变动通知秘书长。

三、裁决的执行应受要求在其领土内执行的国家关于执行判决的现行法律的管辖。

第五十五条的规定不得解释为背离任何缔约国现行的关于免除该国或任何外国予以执行的法律。

第五章　调停人和仲裁人的更换和取消资格

第五十六条

一、在组成委员会或法庭程序开始之后，其成员的组成应保持不变；但如有一调停人或一仲裁人死亡、丧失资格或辞职，其空缺应依照第三章第二节或第四章第二节的规定予以补充。

二、尽管委员会或法庭的某一成员已停止成为仲裁人小组的成员，他应继续在该委员会或法庭服务。

三、如果由一方任命的调停人或仲裁人未经委员会或法庭

(该调停人或仲裁人 是该委员会或法庭的成员) 的同意而辞职，造成的空缺应由主席从有关小组中指定 一人补充。

第五十七条

一方可以根据明显缺乏第十四条第一款规定的品质的任何事实，向委员会或法 庭建议取消其任何成员的资格。参加仲裁程序的一方还可以以某一仲裁人根据第四 章第二节无资格在法庭任职为理由，建议取消该仲裁人的资格。

第五十八条

对任何取消一调停人或仲裁人资格的建议的决定应视情况由委员会或法庭的其 他成员作出，但如成员中，双方人数相等，或遇到建议取消唯一的调停人或仲裁人 的资格，或取消大多数调停人或仲裁人资格时，则应由主席作出决定。如决定认为 该建议理由充分，则该决定所指的调停人或仲裁人应依照第三章第二节或第四章第 二节的规定予以更换。

第六章　程序的费用

第五十九条

双方为使用中心的设施而应付的费用由秘书长依照行政理事会通过的条例予以 确定。

第六十条

一、每一委员会和每一法庭应在行政理事会随时规定的限度内并在同秘书长磋 商后，决定其成员的费用和开支。

二、本条第一款的规定并不排除双方事先同有关的委员会或法庭就其成员的费 用和开支取得协议。

第六十一条

一、就调停程序而言，委员会成员的费用和开支以及使用中心的设施的费用，应由双方平均分摊。每一方应负担与程序有关的任何其他开支。

二、就仲裁程序而言，除双方另有协议外，法庭应估计双方同程序有关的开支，并决定该项开支、法庭成员的酬金和开支以及使用中心的设施的费用应如何和由 何人偿付。此项决定应成为裁决的一部分。

第七章　程序进行的地点

第六十二条

调停和仲裁程序除以下的条文规定外，应在中心的所在地举行。

第六十三条

如果双方同意，调停和仲裁程序可以在下列地点举行：

（一）常设仲裁法庭或任何其他适当的公私机构的所在地，中心可以同上述机 构就此目的作出安排；

（二）委员会或法庭在同秘书长磋商后所批准的任何其他地点。

第八章　缔约国之间的争端

第六十四条

缔约国之间发生的不能通过谈判解决的有关本公约的解释或适用的任何争端，经争端任何一方申请，可提交国际法院，除非有关国家同意采取另一种解决法。

第九章　修　改

第六十五条

任何缔约国可建议修改本公约。建议修改的文本应在审议该修改案的行政理事 会召开会议之前至少九十天送交秘书长，并由秘书长立即转交行政理事会所有成员 。

第六十六条

一、如果行政理事会根据其成员的三分之二多数决定修改，则建议修改的文本 应分送给所有缔约国予以批准、接受或认可。每次修改应在本公约的保存者向各缔 约国发出关于所有缔约国已经批准、接受或认可该项修改的通知之后三十天开始生 效。

二、任何修改不得影响任何缔约国或其任何组成部分或机构或该国的任何国民 ，在修改生效之日以前表示同意受中心管辖而产生的由本公约规定的权利和义务。

第十章　最后条款

第六十七条

本公约应开放供银行的成员国签字。本公约也向参加国际法院规约和行政理事 会根据其成员的三分之二多数票邀请签署本公约的任何其他国家开放签字。

第六十八条

一、本公约须由签字国依照各自的宪法程序予以批准、接受或认可。

二、本公约在交存第二十份批准、接受或认可书之日后三十天开始生效。对以 后每一交存批准、接受或认可书的国家，本公约在其交存之日后三十天开始生效。

第六十九条

每一缔国应采取使本公约的规定在其领土内有效所必需的立法或其他措施。

第七十条

本公约应适用于由一缔约国负责其国际关系的所有领土，但不包括缔约国在批 准、接受或认可时，或其后以书面通知本公约的保管人予以除外的领土。

第七十一条

任何缔约国可以书面通知本公约的保管人退出本公约。该项退出自收到该通知 六个月后开始生效。

第七十二条

缔约国依照第七十条或第七十一条发出的通知，不得影响该国或其任何组成部 分或机构或该国的任何国民在保管人接到上述通知以前由它们其中之一所表示的同 意受中心的管辖而产生的由本公约规定的权利和义务。

第七十三条

本公约的批准、接受或认可书以及修改的文本应交存于银行，它是本公约的保 管人。保管人应将本公约核证无误的副本送交银行的成员国和被邀请签署本公约的 任何其他国家。

第七十四条

保管人应依照联合国宪章第一〇二条和大会通过的有关条例向联全国秘书处登记本公约。

第七十五条

保管人应将下列各项通知所有签字国：

（一）依照第六十七条的签字；

（二）依照第七十三条交存批准、接受和认可书；

（三）依照第六十八条本公约的生效日期；

（四）依照第七十条不适用本公约的领土；

（五）依照第六十六条对本公约的任何修改的生效日期；

（六）依照第七十一条退出本公约。

订于华盛顿，用英文、法文和西班牙文写成，三种文本具有同等效力。共一份 ，存放在国际复兴开发银行档案库，银行已在下方签字，以表明它同意履行根据本 公约所承担的任务。